Marketing digital baseado em dados: métricas e *performance*

Maria Carolina Avis

Conselho editorial
 Dr. Ivo José Both (presidente)
 Drª Elena Godoy
 Dr. Neri dos Santos
 Dr. Ulf Gregor Baranow

Editora-chefe
 Lindsay Azambuja

Gerente editorial
 Ariadne Nunes Wenger

Assistente editorial
 Daniela Viroli Pereira Pinto

Preparação de originais
 Letra & Língua

Edição de texto
 Larissa Carolina de Andrade

Capa
 Débora Gipiela (design)
 Nickolay Grigoriev/Shutterstock (imagem)

Projeto gráfico
 Mayra Yoshizawa

Diagramação
 Muse design

Designer responsável
 Débora Gipiela

Iconografia
 Regina Claudia Cruz Prestes

Rua Clara Vendramin, 58 . Mossunguê
Cep 81200-170 . Curitiba . PR . Brasil
Fone: (41) 2106-4170
www.intersaberes.com
editora@intersaberes.com

Dados Internacionais de Catalogação na Publicação (CIP)
(Câmara Brasileira do Livro, SP, Brasil)

Avis, Maria Carolina
 Marketing digital baseado em dados: métricas e performance/Maria Carolina Avis. Curitiba: InterSaberes, 2021.
 (Série Marketing.com)

 Bibliografia.
 ISBN 978-65-5517-935-4

 1. Administração 2. Marketing digital 3. Marketing na internet 4. Marketing na internet – Inovações tecnológicas 5. Métricas em redes sociais 6. Performance I. Título II. Série.

21-54763   CDD-658.8

Índices para catálogo sistemático:
1. Marketing digital: Administração   658.8

Maria Alice Ferreira – Bibliotecária – CRB-8/7964

1ª edição, 2021.

Foi feito o depósito legal.

Informamos que é de inteira responsabilidade da autora a emissão de conceitos.

Nenhuma parte desta publicação poderá ser reproduzida por qualquer meio ou forma sem a prévia autorização da Editora InterSaberes.

A violação dos direitos autorais é crime estabelecido na Lei n. 9.610/1998 e punido pelo art. 184 do Código Penal.

Sumário

Agradecimentos - 7
Prefácio 1 - 11
Prefácio 2 - 15
Prefácio 3 - 17
Apresentação - 21
Como aproveitar ao máximo este livro - 27
Introdução - 31

35

Capítulo 1 O mundo das métricas e dos *key performance indicators* (KPIs)
1.1 O que são métricas? - 36 | 1.2 O que são KPIs? KPIs *versus* métricas - 40 | 1.3 Quais métricas são importantes? - 43

49

Capítulo 2 Métricas em redes sociais
2.1 Métricas no WhatsApp Business - 51 |
2.2 Métricas no Instagram - 55 | 2.3 Métricas no Facebook - 65 | 2.4 Métricas no Facebook Audience Insights - 66 | 2.5 Métricas no Gerenciador de Anúncios - 77 | 2.6 Métricas no Youtube - 85 | 2.7 Métricas no LinkedIn - 91

97

Capítulo 3 Métricas em ferramentas Google e em sites

3.1 Google Meu Negócio - **98** | 3.2 Google Trends - **103** | 3.3 Google Search Console - **106** | 3.4 Google Ads - **112** | 3.5 Google Analytics - **116** | 3.6 Métricas de palavras-chave - **133**

141

Capítulo 4 Métricas para todos os negócios. *dashboard* e tomada de decisão

4.1 Métricas importantes para todos os negócios - **142** | 4.2 *Dashboards* - **158** | 4.3 Tomada de decisão estratégica - **162**

Considerações finais - 169

Glossário - 171

Referências - 181

Respostas - 183

Sobre a autora - 187

Dedico esta obra a todos os alunos que já passaram pela minha caminhada como docente e que me fizeram acreditar ainda mais na minha missão como profissional.
Também a todos os sonhadores.
Sim, o mundo é das pessoas que sonham, acredite nisso!

Agradecimentos

O primeiro agradecimento, em tudo na minha vida, é para Deus. Não só por ter escrito de maneira tão inacreditável meu livro da vida, mas pelas lutas do cotidiano. A experiência e o desafio de ser uma profissional multitarefas tornam-se muito mais leves com inspiração divina. Obrigada, Deus, por me dar uma alma sonhadora.

Meu agradecimento especial é para as pessoas mais significativas da minha vida: José Roberto (*in memorian*), Alir, Eduardo, Mateus, Érika, Roberta e Michel: minha família, que faz valer a pena todos os esforços.

Alguns professores, colegas de trabalho, amigos e companheiros foram e são fundamentais no decorrer de minha trajetória. Seria injusto citar nomes, já que sou agraciada por ter ao meu redor tanta gente compreensiva e disposta a contribuir. Obrigada a todos vocês.

Agradeço imensamente, ainda, a todos os meus alunos, espalhados pelo mundo todo. O ensino não só cruza fronteiras, mas também é uma via de mão dupla: eu mais aprendo do que ensino nessa missão tão nobre. Para mim, é uma honra fazer parte da caminhada profissional de alunos tão dedicados. Não é da boca para fora: cada um de vocês tem um lugar especial no meu coração.

"Se você não pode medir, você não pode gerenciar."

Peter Drucker

Prefácio 1

Na sociedade contemporânea, é impossível falar em produtos e serviços sem visualizá-los em um contexto de internet, imbricados em fluxos de dados que refletem e interferem nos processos de consumo. Nesse sentido, o negócio é digital e exige, igualmente, um marketing digital, que contemple novos métodos e técnicas para monitoramento, análise e engajamento, bem como novas métricas para o mundo dos negócios.

Mas o que são métricas? O que elas representam no mundo dos negócios? Como obtê-las, analisá-las e utilizá-las nas ações de comunicação das empresas? Como elas colaboram no processo de tomada de decisão?

Essas são algumas perguntas que envolvem o contexto de produção deste livro, que é dedicado à reflexão sobre estratégias de marketing digital baseadas em dados, bem como à análise da forma como os indicadores obtidos mediante interações na internet podem ser utilizados pelas organizações.

Ao longo desta obra, você, leitor, notará que o tema aqui abordado é inesgotável e está em constante transformação. Trata-se, portanto, mais de uma introdução ao mundo das métricas do que de fórmulas prontas e acabadas para o sucesso empresarial. Nessa perspectiva, esta obra permite adentrar um mundo novo, que exige uma nova linguagem, uma nova forma de comunicação, a qual requer uma visão crítica com relação ao que é dado, informação ou conhecimento.

A tríade dado-informação-conhecimento não é algo desconhecido no mundo dos negócios. Trata-se de uma perspectiva que ainda requer profissionais habilitados para a operacionalização da gestão da informação e do conhecimento organizacional. As métricas abordadas neste livro vão ao encontro dessa perspectiva, uma vez que apresentam o marketing digital em contextos de aplicação.

E é exatamente nesse contexto de abordagem que se encontra a autora deste livro. A trajetória profissional e acadêmica de Maria Carolina Avis a qualifica para falar sobre esse tema e agregar a ele o resultado de anos de observação, leitura, experimentação, docência e pesquisa. Atualmente, no mestrado em Gestão da Informação da Universidade Federal do Paraná (UFPR), a autora comprova que para falar desse tema é necessário estar em constante contato com o universo da produção do conhecimento.

Mas por que falar da trajetória da autora? Porque ela é deveras importante para olhar esta obra mediante outra importante intersecção da sociedade contemporânea: a da *práxis*, ou seja, da união dialética entre teoria e prática, entre o mundo da academia e o mundo do trabalho. Essa é uma importante chave de leitura, uma vez que é comum encontrarmos discursos que desdenham de um desses universos: ora colocam demasiadamente em foco o discurso do mercado para a solução dos problemas das organizações; ora buscam uma tábua de salvação no discurso científico, sem notar que é no diálogo entre as duas vertentes que pode estar escondida a solução para a criatividade, a inovação e a colaboração, palavras-chave dos processos de negócios na atualidade.

O início da década de 2020, época de produção e publicação deste livro, reforça a importância dessa abordagem, visto que marca a história da humanidade pelos desafios relacionados às pandemias e infodemias – do coronavírus e da desinformação. Igualmente, trata-se de um ponto de giro para os processos de negócio, que se viram obrigados a dar ainda mais enfoque aos esforços e recursos das tecnologias de informação e de comunicação, tendo em vista os métodos, as técnicas e as métricas digitais, além da responsabilidade social. O consumo de produtos e serviços não será mais o mesmo. O comércio não será mais o mesmo. A ciência não será mais a mesma. Por isso, o mundo se vê desafiado a compreender o conhecimento produzido nesse novo cenário.

Nesse contexto de grandes desafios, espero que você, leitor, assim como a autora da obra, sinta-se encorajado a continuar buscando o diálogo com a ciência, produzindo e compartilhando conhecimento.

Boa leitura.

Rodrigo Eduardo Botelho-Francisco

Prefácio 2

Uma boa presença digital é requisito básico para qualquer negócio que deseja alcançar sucesso. Definir estratégias e táticas de marketing no ambiente *on-line* é essencial, o que exige informação e conhecimento.

Felizmente, existem cada vez mais ferramentas disponíveis para os profissionais e gestores de marketing, que vão desde simples *softwares* de agendamentos de publicações em redes sociais até sistemas completos (e complexos) de automação de compra de mídia programática. A abundância de ferramentas, entretanto, pode mais confundir do que trazer soluções. De nada adianta ter um leque de ferramentas à mão, se não souber o que fazer com elas.

Nesta necessária obra intitulada *Marketing digital baseado em dados: métricas e performance*, a professora Maria Carolina Avis aborda justamente a importância dos dados para um bom planejamento de marketing digital. Este livro é extremamente atual e relevante para o mercado, pois aborda uma necessidade crescente de todos os profissionais de marketing: acessar e analisar dados para, então, tomar decisões.

Numa era em que o conceito de *big data* se tornou popular, saber como usar as ferramentas para extrair dados, analisá-los corretamente, estratificar, mensurar e traçar táticas passou a ser imprescindível. As decisões de marketing, ao contrário do que muitos pensam, não são tomadas por meio de experiência empírica ou simples "intuição". Essas escolhas são, ou pelo menos deveriam ser, baseadas em dados, em números, em estatísticas. Isso, obviamente, não retira o talento pessoal da equação, não descarta a importância da experiência. Pelo contrário, agrega. Mas o fato é que, cada vez mais, os melhores profissionais de marketing digital são aqueles que conseguem conciliar seus conhecimentos e experiências com os dados técnicos.

E é exatamente esse cenário, de enormes oportunidades, que é explorado pela autora, que defende que a riqueza dos dados pode e deve ser aproveitada não apenas pelos profissionais de marketing, mas também por empresários, empreendedores, gestores de *e-commerce* e todos aqueles que, de alguma forma, participam da gestão de um negócio ou de uma marca que atua no mercado digital.

Os dados são abundantes e estão disponíveis. Agora, cabe aos profissionais perceberem as oportunidades de trabalho oferecidas por tais dados e, efetivamente, alcançar sucesso com suas estratégias digitais. Este livro, certamente, contribui para o amadurecimento do tema e para a qualificação de profissionais, tão necessária e desejada pelo mercado.

Você, leitor, certamente encontrará, neste livro, mais do que uma leitura agradável, pois nele há conhecimentos e informações preciosos para aproveitar as enormes oportunidades que esse "mundo dos dados" tem a oferecer aos profissionais que se qualificam para navegar nestes mares.

Ney Queiroz de Azevedo

Prefácio 3

Entregar valor, *medir* e *decidir* são os termos que representam o livro *Marketing digital baseado em dados: métricas e performance*, de Maria Carolina Avis. Discussões sobre conceitos e tendências necessárias para quem pretende acompanhar a dinâmica do mercado digital são apresentadas de forma objetiva e descomplicada.

O marketing é uma estratégia empresarial fundamental, velha conhecida dos diferentes tipos de organizações, que tem como essência a busca por criar e entregar valor para atender às necessidades do mercado. Seus tipos variam conforme a finalidade e a forma de aplicação, por exemplo, marketing de *performance*, de redes sociais, de conteúdo, e-mail marketing, entre outros.

O foco deste livro, contudo, está voltado para o marketing digital, ou seja, o marketing que desenvolve estratégias em ambiente *on-line* e que se relaciona diretamente com o marketing de conteúdo. Mais especificamente, a autora busca contextualizar o marketing digital baseado em dados e mostra como obter melhor desempenho a partir da análise de métricas.

Maria Carolina Avis cumpre esse papel muito bem, o que já era esperado tendo em vista o *background* da autora, graduada em Marketing e com MBA em Gestão Executiva Empresarial. Ela também investiu em formação complementar e tem certificação diversa em marketing digital e métricas. Seu atual envolvimento como mestranda do Programa de Pós-graduação em Gestão da Informação da Universidade Federal do Paraná (UFPR) agregará ainda mais valor à sua formação nessa área. A forma como a autora aborda a temática neste livro é reflexo de muito estudo, pesquisa e envolvimento profundo com a temática.

Ao conceber o marketing como um conceito amplo e diverso, o estudo e a compreensão da análise de métricas para melhorar o desempenho da aplicação do marketing digital por uma organização é apenas uma das possíveis variáveis. Entretanto, é uma das variáveis mais importantes, tendo em vista que a sociedade atual presencia uma grande revolução na forma como produzimos, compartilhamos e consumimos dados, informação e conhecimento.

A migração, não mais tão recente, do *off-line* para o digital, impulsionou as organizações a buscar novas formas de atuação, de alcance dos clientes, de divulgação de sua marca, de geração de valor e, até mesmo, de tomada de decisão. Diariamente, todas as pessoas geram dados a serem utilizados por diferentes segmentos para conhecer seus clientes, fazer inferências, gerar valor, novos produtos, serviços e tomar decisões. Esses dados são gerados, especialmente, em meio digital. Uma grande parte deles por meio das mídias sociais e websites.

Aliada à produção massiva de dados, é necessária a criação de estratégias de análise e inferências a partir dela. As métricas são geradas com base na análise desses dados coletados a cada segundo, produzidos por *likes*, cliques, compartilhamentos, acessos, engajamento etc. Entretanto, a essência do conteúdo apresentado neste livro advém da convicção de que a análise de métricas em marketing digital precisa ser robusta, completa e buscar a combinação de diferentes indicadores para chegar a inferências que podem gerar inteligência para um negócio.

Dessa forma, o livro contextualiza as métricas e os *key performance indicators* (KPIs), temática fundamental para relacionar o marketing digital ao uso das métricas. Como as mídias sociais são responsáveis por gerar grande parte desses dados, a autora apresenta as métricas em redes sociais. Por sua vez, as métricas de sites e ferramentas Google são analisadas considerando que a aplicação do marketing digital também acontece por meio de websites. Além disso, o Google disponibiliza ferramentas poderosas que possibilitam a análise de métricas relativas aos sites. Por fim, a autora apresenta o uso do glossário, os *dashboards* e a tomada de decisão a partir da análise de métricas em marketing digital.

De forma clara e objetiva, o livro aborda a importante discussão sobre como possibilitar uma ótima experiência aos clientes/usuários por meio do conhecimento de suas necessidades, da geração de valor e do aprendizado contínuo a partir da análise das métricas produzidas em ambiente digital. Por isso, compreende-se que os dados devem ser coletados, analisados, processados e convertidos em informação passível de ser transformada em conhecimento que gerará inteligência para a organização. Tudo isso buscando obter melhor *performance* para a organização e cumprir com o objetivo maior do marketing digital: atrair e fidelizar cliente, gerar valor, aumentar a visibilidade da organização e de sua marca e gerar lucro em meio digital.

Paula Carina de Araújo

Apresentação

Não é novidade que a tecnologia está em foco, tampouco trata-se apenas de uma tendência. Ela já é realidade na sociedade, no cotidiano das pessoas e, principalmente, nos negócios. A verdade é que a tecnologia decorre da necessidade de que os profissionais não percam tempo executando atividades mecânicas, de modo que se dediquem àquilo que os robôs não podem fazer: explorar a criatividade e alguns sentimentos humanos. Portanto, o futuro não é sobre robôs no lugar dos humanos, mas sim a respeito de uma integração de habilidades com um único objetivo: propiciar uma boa experiência às pessoas na internet. Quando os usuários têm uma experiência interessante e produtiva, os negócios têm melhor desempenho na web.

Vivemos em um mundo conectado, e cada vez mais os negócios precisam ter uma presença ativa na internet. Os robôs auxiliam no processo de análise de métricas, ou seja, fornecem os números. Basta termos conhecimento e senso analítico para transformar esses dados em informação. Afinal, números não dizem nada sozinhos.

Parece simples pensar que, na atualidade, para uma empresa ou marca alcançar o sucesso, basta ter uma conta em uma rede social ou um site ativo. Mas será que é só isso? É somente sobre ter uma rede social e postar conteúdos criativos? Ou, ainda, ter um site com informações sobre a empresa? A resposta é não. E o motivo é simples: o usuário não se contenta com o básico, e, além disso, essas ações não garantem que ele acesse os conteúdos. A experiência não pode ser "morna", precisa, pois, superar expectativas, ser, de algum modo, incrível. Consequentemente, a marca decola na internet e tem uma melhor *performance*.

É impossível tratar de *performance* sem falar em processos bem definidos. Uma das etapas mais importantes da gestão de marketing digital é comumente deixada de lado: a análise de métricas. Mesmo os negócios que só têm redes sociais, por exemplo, precisam analisar métricas. Não raro, acabam voltando sua atenção apenas para as métricas de vaidade: seguidores e *likes*, por exemplo. São métricas que, sozinhas, não dizem nada. Informações combinadas valem muito mais. Ter um baixo número de seguidores não é, necessariamente, algo ruim se outro número complementar essa informação. Por exemplo: uma marca pode ter poucos seguidores, mas uma alta taxa de envolvimento e de vendas, ao passo que outra pode ter milhares de seguidores e não conseguir fazer negócios nas redes sociais. Um site pode ter um alto número de visitas todos os dias, mas os usuários podem navegar por pouco tempo ou visitar apenas uma página, e o pior: não comprar. Portanto, o que determina o sucesso de uma ação na web não são as métricas de vaidade.

Na internet, tudo é mensurável, medido e analisável, o que é um grande ponto positivo. Um administrador de site, ferramentas e redes sociais tem inúmeros dados que podem auxiliar no processo de tomada de decisão para uma melhor *performance*. No entanto, percebemos que o que realmente importa não são os números, mas a capacidade de empregar uma visão analítica, com potencial para melhorar uma ação. Por esse motivo é que a tomada de decisão no marketing digital deve ser baseada em dados, sem o famoso "achismo". Sim, o principal recurso necessário é você e seu conhecimento.

Os dados chegam prontos e existem muitas ferramentas que auxiliam a leitura e a análise desses números. Por isso, abrir um relatório de métricas e simplesmente ler os dados não vai fazer com que um negócio tenha sucesso na web. É preciso transformar esses dados brutos em informações, e essas informações em conhecimento. Elas são valiosas e se tornam ainda mais com o uso. Há quem diga que dados valem mais que petróleo, por serem intangíveis. A Clive Humby, especialista em ciência de dados, é creditada a frase *"data is the new oil"*, ou "dados são o novo petróleo", assim como o petróleo precisa ser refinado, os dados precisam ser analisados.

Neste livro, abordamos conteúdos de integração entre o marketing, o marketing digital, o *big data* (como tratar e analisar os dados na forma bruta e transformá-los em informações) e o *business intelligence* (coleta, organização, análise, compartilhamento e monitoramento de informações com o objetivo de melhorar a gestão de um negócio).

As informações são altamente perecíveis, ou seja, a exemplo de tudo no marketing digital, elas também são dinâmicas. Nesse sentido, é preciso incluir a análise de métricas no processo de planejamento de marketing digital como tarefa inicial e final. Inicial para definir números que precisam de melhorias; definir o objetivo para aquele período; e definir os indicadores-chave de desempenho a serem analisados; e final para monitorar se as ações tiveram êxito. Para isso, é preciso compreender as métricas. Um maior volume de informações não significa, necessariamente, uma melhor estratégia. Analisar as informações corretas, de acordo com o objetivo preestabelecido, é o que vai dar as melhores respostas para uma tomada de decisão estratégica.

Nosso objetivo é analisar um conteúdo ferramental, porém, como as ferramentas mudam o tempo todo, vamos enfatizar suas funcionalidades. Como veremos ao longo dos capítulos, muita informação não é relevante e, aqui, interessam-nos as corretas. Por isso, cada tópico que aborda algum tipo de ferramenta não é como um manual, mas como um guia, pois, ainda que os instrumentos mudem, a essência permanece a mesma. A intenção é mostrar o que significa cada um dos principais indicadores e o que fazer com eles para melhorar a *performance* de um negócio.

Dessa forma, no Capítulo 1, analisamos o universo das métricas e dos indicadores-chave de desempenho, conhecidos pela sigla KPIs (derivada dos termos em inglês *key performance indicator*). Trata-se de leitura essencial para quem precisa entender como funciona a mineração dos dados brutos (*big data*) até chegar no *business intelligence* (BI), ou seja, como é feita a leitura de dados para que se consiga tomar uma decisão estratégica.

No Capítulo 2, dedicamo-nos exclusivamente às métricas de mídias sociais. O marketing digital já é uma realidade, ou seja, não é mais um diferencial, mas uma questão de sobrevivência de uma empresa. Dessa forma, não basta ter um conteúdo criativo nas contas de redes sociais. É preciso elaborar um plano bem definido, e isso inclui analisar métricas. Imagine uma empresa que já usa mídias sociais há tempos, mas não consegue obter resultados positivos – e isso é bem comum. Um dos principais motivos de tal cenário é a falta de conhecimento dos indicadores, já que eles centralizam todas as análises. Conhecendo e analisando as métricas de mídias sociais, é possível saber se existe um problema na construção do público, no conteúdo, nas estratégias, no tipo de mídia, na abordagem do conteúdo, na linguagem utilizada etc. Os dados, portanto, permitem melhorar a *performance* nas mídias sociais.

Por sua vez, no Capítulo 3, examinamos as métricas das ferramentas Google e de outros sites. Para quem tem um site ativo, é indispensável analisar os dados de acesso. As ferramentas Google ajudam muito nesse processo. Além disso, existem ferramentas Google que auxiliam na produção de conteúdo e na construção de público, que não são exclusivamente para análise em sites.

No Capítulo 4, tratamos das métricas indispensáveis a todos os negócios, dos *dashboards*, glossário e tomada de decisão baseada em dados. Independentemente de qual ramo é sua empresa, você precisa conhecer essas métricas, que dizem respeito ao relacionamento entre marca e consumidor, bem como à lucratividade real da sua empresa na web. Tão importante quanto conhecer os indicadores é saber como apresentar os dados, por isso, contemplamos em nossa discussão os *dashboards*, o processo de tomada de decisão e um glossário de métricas.

Tendo em vista nossa paixão por dados e informações, buscamos transferir para este livro tudo que já vivenciamos e refletimos sobre as métricas e os indicadores-chave de desempenho. O resultado é uma obra que serve como um manual, com cinco passos para que você se torne um *expert* em métricas do marketing digital.

Esperamos que você tenha resultados incríveis com a análise de dados e, para além disso, que você se apaixone pelo marketing digital, pelo *big data* e pelas métricas. Coloque tudo em prática e você terá estratégias de marketing digital baseadas em dados, não no "achismo". Isso é praticamente sinônimo de sucesso na internet. Compartilhe comigo seus resultados pelas redes sociais (Instagram: @mariaaviss). Com certeza, eles serão positivos.

Boa leitura! Boa viagem pelo mundo dos dados! Boa experiência!

Como aproveitar ao máximo este livro

Empregamos nesta obra recursos que visam enriquecer seu aprendizado, facilitar a compreensão dos conteúdos e tornar a leitura mais dinâmica. Conheça a seguir cada uma dessas ferramentas e saiba como elas estão distribuídas no decorrer deste livro para bem aproveitá-las.

Conteúdos do capítulo
Logo na abertura do capítulo, relacionamos os conteúdos que nele serão abordados.

Após o estudo deste capítulo, você será capaz de:
Antes de iniciarmos nossa abordagem, listamos as habilidades trabalhadas no capítulo e os conhecimentos que você assimilará no decorrer do texto.

Exemplo prático
Nesta seção, articulamos os tópicos em pauta a acontecimentos históricos, casos reais e situações do cotidiano a fim de que você perceba como os conhecimentos adquiridos são aplicados na prática e como podem auxiliar na compreensão da realidade.

Mãos à obra
Nesta seção propomos atividades práticas com o propósito de estender os conhecimentos assimilados no estudo do capítulo, transpondo os limites da teoria.

Curiosidade
Nestes boxes, apresentamos informações complementares e interessantes relacionadas aos assuntos expostos no capítulo.

Estudo de caso
Nesta seção, relatamos situações reais ou fictícias que articulam a perspectiva teórica e o contexto prático da área de conhecimento ou do campo profissional em foco com o propósito de levá-lo a analisar tais problemáticas e a buscar soluções.

Síntese
Ao final de cada capítulo, relacionamos as principais informações nele abordadas a fim de que você avalie as conclusões a que chegou, confirmando-as ou redefinindo-as.

Questões para revisão
Ao realizar estas atividades, você poderá rever os principais conceitos analisados. Ao final do livro, disponibilizamos as respostas às questões para a verificação de sua aprendizagem.

Questões para reflexão

Ao propor estas questões, pretendemos estimular sua reflexão crítica sobre temas que ampliam a discussão dos conteúdos tratados no capítulo, contemplando ideias e experiências que podem ser compartilhadas com seus pares.

Introdução

Que bom que você está aqui, querido leitor!

O processo de acompanhamento de métricas é, naturalmente, uma atividade de mercado, o que nos leva a crer que não existe o marketing digital como estamos acostumados, mas o marketing aplicado ao digital. Isso porque ações soltas em um âmbito digital não funcionam com a mesma potência do marketing. Você já viu alguém visitar um imóvel para comprá-lo e receber informações apenas da cozinha, ou somente de um quarto? Da mesma forma, os usuários não podem ser impactados apenas por um conteúdo do *blog* ou por uma postagem na rede social X ou Y. Assim é com o marketing digital: ele precisa de aplicações de marketing para fazer sentido e para obter resultados efetivos. Precisamos pensar em ações globais, que abranjam vários processos e que entrelaçam as estratégias. E analisar os indicadores de desempenho faz parte de qualquer ação de marketing, em ambiente digital ou não.

É fato que o maior desejo dos profissionais da área de comunicação e marketing é que todas as mídias tivessem o poder de mensuração de métricas que as mídias sociais têm. Quem não iria querer saber quantas pessoas passaram na frente de um *outdoor* e leram a mensagem? Ou quantas pessoas ouviram um anúncio em uma rádio? Todos querem saber a taxa de leitura de um artigo em uma revista impressa. No mundo físico, esses dados não existem. Já na internet, tudo é mensurado. Como usuário, você já pensou que tudo que você faz é monitorado por ferramentas de análise de dados? Tanto em sites quanto em redes sociais, toda ação executada é registrada e pode ser analisada pelos administradores, sempre com um único objetivo: tornar a navegação uma experiência prazerosa a fim de que o relacionamento com as marcas seja afinado. A riqueza de dados é imensa. E aí está o grande diferencial: empresas que analisam métricas e traçam objetivos com base em dados saem na frente.

Embora seja um processo bem trabalhoso e cheio de detalhes, acessar esses dados e transformá-los em informações só depende de você. Sim, de você, que está lendo isso agora. Sabe por quê? Trago boas notícias: os números chegam prontos. Basta compreender cada métrica, o que diz cada número e cada indicador e ter a capacidade analítica de fazer algo com esses números. A principal habilidade necessária é a de análise, além, claro, de não ter medo de testar. Desapegar daquela estratégia que não está indo tão bem, jogar tudo fora e recomeçar. Tudo isso com base em dados, em informações reais, e não no que "achamos". Afinal, os dados estão a nosso favor.

Ao contrário do que muitos pensam, analisar métricas não serve só para profissionais de marketing e de marketing digital. Para estes, é obrigatório conhecer métricas, saber definir indicadores-chave e conseguir tomar decisões com base nos dados coletados. Contudo, também é importante para outros profissionais. Vejamos:

- Empresários ou microempresários que contratam uma agência ou uma equipe de marketing precisam entender sobre métricas para conseguir monitorar as atividades da equipe, compreender o que está sendo feito, o que pode ser melhorado, quais os resultados, qual o perfil do público, qual a situação de sua empresa em

âmbito digital. Esse conhecimento lhes permitirá cobrar resultados da equipe.
- Profissionais da área de logística e de *e-commerce* que lidam com dados digitais precisam entender quais os impactos de uma página de produto do *e-commerce* na internet, quanto está custando cada venda do site, quantas pessoas estão sendo impactadas, qual a taxa de abandono de carrinho, entre outras infinitas métricas que informam o desempenho do site, a reputação da marca na web e o custo em geral. Sem esses dados, é impossível ter sucesso no comércio eletrônico.
- Redatores e jornalistas que atuam no âmbito digital devem compreender que, na internet, o conteúdo conta muito, mas não basta apenas criar conteúdo criativo e postar. É preciso saber se o resultado foi positivo e, para tanto, a análise dos números é essencial. Todos que trabalham com produção de conteúdo para a internet tem de entender a força desses indicadores. O mesmo aplica-se para influenciadores digitais, blogueiros e afins.
- Administradores ou gestores estratégicos precisam entender do negócio como um todo. Se a operação da empresa é na internet, mesmo que em uma pequena parte, é necessário medir os resultados, definir os indicadores-chave e tomar decisões com foco na estratégia.

Assim, se a empresa não está na web, ela não existe. E como não basta existir sem desempenho na internet, para todas as atividades que estão relacionadas ao negócio é preciso estudar as métricas e os indicadores-chave de desempenho.

Diante desse cenário, todo o conteúdo desta obra foi pensado estrategicamente para que você consiga não só desenvolver a habilidade de leitura de resultados, mas principalmente tomar decisões com base em dados reais e, com isso, aumentar os resultados de esforços de marketing, com foco especial no âmbito digital.

01 O mundo das métricas e dos *key performance indicators* (KPIs)

Conteúdos do capítulo:

- O que são métricas?
- O que são KPIs? KPIs *versus* métricas.
- Quais métricas são importantes?

Após o estudo deste capítulo, você será capaz de:

1. interpretar o conceito de métrica;
2. reconhecer a importância da análise de métricas;
3. discorrer sobre métricas sociais e comerciais;
4. diferenciar métricas de KPIs;
5. aplicar a definição de KPIs.

Um dos pontos positivos mais importantes do marketing digital é a personalização. É possível direcionar a comunicação correta para o público correto por meio de segmentações específicas. Essas segmentações só existem porque dados de usuários são coletados o tempo todo na internet e, além disso, porque profissionais buscam compreender o comportamento do consumidor/usuário.

Todo esse levantamento forma um universo de dados, o famoso *big data*. Nesse sentido, inúmeros dados brutos são coletados e armazenados, e esses dados são considerados métricas, pois dizem algo em forma de medida. É claro que a coleta de dados, por ser feita automaticamente, é um detalhe, o que de fato importa é a utilização desses números de forma assertiva para melhorar a *performance*. Para isso, é preciso compreender o conceito de métricas, bem como suas aplicações, conhecer o conceito de *key performance indicators* (KPIs) e sua diferença em comparação com as métricas, entre outros assuntos que serão tratados neste capítulo.

1.1
O que são métricas?

Durante muito tempo, em razão da dificuldade em mensuração de dados, era difícil tomar decisões no mundo da comunicação e do marketing. Como fazer um anúncio em uma rádio e saber exatamente quem ouviu? Como mensurar quanto tempo de áudio ouviram? Como saber quantas pessoas passaram por um *outdoor* e, destas, quantas leram a mensagem que a empresa gostaria de passar? Como saber quantas pessoas compraram um produto após terem visto o conteúdo por três vezes? Isso não era viável. Já na internet, tudo é mensurável. E é com base no que é medido que se consegue desenhar estratégias em um ambiente digital.

Imagine que uma empresa esteja passando por uma dificuldade bem comum: um alto número de visitas no site, porém com taxa de permanência baixa, ou seja, as pessoas chegam até o site, mas passam pouquíssimo tempo nele e saem. Isso significa que o site precisa de melhorias, e se a empresa não analisa os resultados, nunca terá essa informação e não conseguirá tomar decisões para que essa situação melhore. Agora, imagine que, por meio de uma rede social, um vídeo está chegando até as pessoas, mas elas não assistem ao conteúdo. O criador desse conteúdo precisa identificar isso para que consiga melhorar esse cenário. Pode tomar a decisão de, por exemplo, deixar os segundos iniciais do vídeo mais atrativos para que as pessoas tenham vontade de assistir até o fim. Caso contrário, sua iniciativa de mobilizar um time, com pessoas preparadas para gerar um conteúdo bom e criativo, não resultará em nada. Isso significa perda de tempo, de recurso e, principalmente, de oportunidade de engendrar bons negócios na internet.

As métricas são números utilizados como uma medida do padrão de qualidade para comparar diferentes itens ou períodos de tempo. Esses números mostram resultados positivos ou negativos. As atividades de marketing devem ser embasadas em dados, sobretudo no ambiente digital, onde tudo é mensurável, tudo é medido, o que atua como um grande aliado no direcionamento de esforços em estratégias digitais. Mesmo assim, são poucas as empresas que utilizam métricas para mensurar seu desempenho e avaliar seu sucesso no marketing. Menos ainda são as que conseguem avaliar métricas e transformar dados em informações, e informações em decisões estratégicas. Poucas empresas conhecem as características de cada indicador. E a máxima prevalece: se você não sabe o que quer, não vai saber quando chegar lá, ou, segundo Peter Drucker (1992), "Se você não pode medir, não pode gerenciar". As métricas, portanto, não podem ser deixadas de lado.

Métricas são um sistema de medição que quantifica um resultado. Quando conseguimos medir um resultado e transformá-lo em um número, fica mais fácil compreendê-lo. Sem medir, é impossível tomar decisões assertivas, ainda mais na internet, que tudo é tão dinâmico e muda o tempo todo. As métricas permitem averiguar quais esforços estão surtindo resultados satisfatórios ou não, e isso é desempenho: fazer mais com menos. Elas são fundamentais para uma melhor *performance* financeira, pois se os gestores souberem com certeza quais investimentos necessitam de ajustes estratégicos, fica muito mais fácil. Assim, é possível concentrar mais esforços nos investimentos que dão um bom retorno e repensar os que não dão. Para os profissionais de marketing, é essencial conhecer as métricas a fim de justificar o retorno sobre o investimento, quanto está custando cada resultado em diferentes canais, em vez de somente solicitar mais verba para investimento digital. O profissional de marketing digital que analisa as métricas deve justificar ao gestor se suas verbas estão sendo bem gastas ou não, ou seja, se estão trazendo um bom retorno.

Do ponto de vista da gestão, é preciso apenas conhecer o que cada métrica mensura, já que, em um ambiente digital, as ferramentas trazem os números prontos. Para o profissional que vai avaliar a *performance* por meio das métricas, basta conhecer esses indicadores, o que cada um quer dizer, como cada um pode ser melhorado e como tomar decisões estratégicas fundamentadas nesses dados relevantes.

Mesmo o profissional que tem mais intimidade com os números vai concordar que nem todas as métricas precisam ser utilizadas em todos os momentos, e isso reforça a certeza de que considerar um grande número de métricas não é o melhor, mas sim definir os melhores indicadores para atender àquele objetivo específico. Existe um número infinito de indicadores-chave de desempenho que podem ser calculados, mas nem sempre todos vão ajudar a tomar decisões. Por isso, é preciso questionar: Quais serão os resultados que têm de ser medidos?

Dados não significam informações, que, por sua vez, não denotam conhecimento. Dados é o que se tem em grande quantidade, por isso são considerados brutos no mundo do *big data*, que representa justamente esses dados em grande volume, sem serem tratados ainda. Os dados são uma forma bruta, crua, e, desse modo abrangente, não indicam nada. Manipulando esses dados é que surgem informações. A **informação** é derivada de uma conversão dos dados em algo passível de ser lido por um humano. Quando alguém tem acesso a essas informações e as compreende, torna-se um **conhecimento**, aí surge o conceito de *business intelligence* (BI), que, em tradução livre, significa "inteligência de negócios". Portanto, dados que são simplesmente coletados e armazenados não auxiliam na tomada de decisão. É preciso que um profissional analise as informações e as transforme em conhecimento, a fim de que esse conhecimento se torne um **resultado**.

Métricas relevantes não dizem respeito a somente, por exemplo, saber quantos seguidores a empresa têm em uma rede social, ou quantos *likes* uma publicação teve. Analisar métricas de forma estratégica é manipular informações muito mais complexas para que a empresa possa realmente aprimorar sua *performance*. Realizar ou completar algo com eficiência é sinônimo de *performance*. As métricas também são essenciais para que o gestor de marketing consiga fazer os testes necessários para compreender o comportamento do usuário e ter um melhor aproveitamento financeiro. Sabendo o que tem dado mais certo, fica mais fácil concentrar o investimento em resultados mais eficientes.

As métricas são o primeiro passo para que a empresa consiga fazer planejamento de ações e de estratégia. Além disso, tomar decisões com base no famoso "achismo" é escolher no escuro. Portanto, as métricas são importantes para o início do processo, uma vez que são necessárias para o planejamento e, também, para verificar, ao final, se todas as ações que foram colocadas em prática surtiram bons resultados.

E como acessar esses números? O trabalho do profissional que vai analisar as métricas é muito facilitado, já que os números chegam prontos e são disponibilizados de maneira bem intuitiva e funcional. A tarefa do profissional é definir os melhores indicadores-chave para analisar e acompanhar os números, o que pode ser realizado por meio de ferramentas nativas de *analytics* ou mediante ferramentas externas que servem exclusivamente para fornecer dados. A principal ferramenta de análise de sites é Google Analytics, que fornece métricas extremamente relevantes de maneira gratuita. Basta configurar e integrar a ferramenta ao site. Para a análise de redes sociais, as próprias redes coletam e fornecem os dados de análise, de maneira gratuita e simplificada. É claro que existem várias ferramentas externas que provêm mais informações, mas elas não são fundamentais.

1.2
O que são KPIs? KPIs *versus* métricas

Key performance indicator, *key success indicator*, indicador-chave de desempenho ou, simplesmente, KPI é uma métrica muito relevante para medir o desempenho de uma ação ou estratégia. Para que uma empresa tenha sucesso, é preciso analisar esses resultados, mas essa análise demanda números. Esses números são a melhor forma de saber se a organização está no caminho certo. Um indicador-chave de desempenho pode ser um número e um percentual. KPI é o mesmo que uma métrica, e uma métrica pode tornar-se um KPI. Confuso, não é? Mas vamos explicar melhor. As métricas referem-se a algo a ser medido ou a um número do que foi medido, ao passo que os KPIs são os indicadores que se tornam importantes: por exemplo, se você tem uma métrica que é importante para seu negócio, ela se torna um indicador-chave de desempenho. Métricas podem ser números que não revelam nada, até porque existem em grandes quantidades. Por esse motivo, é preciso entender como escolher bons indicadores-chave de desempenho, ou seja, bons KPIs.

A primeira etapa das ações digitais é planejar, e isso inclui traçar objetivos e metas. Qual é o objetivo? Fazer com que os usuários assistam aos vídeos? Atrair mais tráfego para o site? Ter mais conversão em vendas? Aumentar o tempo de permanência em uma página do site? Receber mais ligações geradas por buscas na web? Assim, são os objetivos que definem os principais indicadores a serem analisados. Basicamente, o que importa são as métricas que se tornarão indicadores-chave de desempenho, tais KPIs mostrarão os resultados relevantes de acordo com o objetivo traçado inicialmente. Todo o resto são apenas métricas.

Por exemplo: se você precisa que seu *e-commerce* tenha uma maior taxa de conversão (venda), não importa saber qual é o *ticket* médio por cliente (pelo menos não nesse momento). Os indicadores de desempenho são definidos de acordo com seu objetivo. É claro que algumas métricas podem ser, indiretamente, um indicador de desempenho. Ainda no mesmo exemplo de um *e-commerce* que almeja converter mais visitas em clientes, será que o número de seguidores em redes sociais pode ser uma métrica relevante? Diretamente não. Contudo, com mais seguidores, pode ser que mais pessoas se interessem em comprar. Mesmo assim, essa segunda situação é considerada apenas uma métrica, visto que as estratégias conversam entre si constantemente dentro do digital. Nesse mesmo exemplo, o objetivo não é atrair mais visitantes, mas sim converter aqueles que visitam em clientes, para que, além de acessarem o site e a página de vendas, tornem-se efetivamente compradores. Os indicadores-chave de desempenho estão diretamente ligados ao objetivo, já que são eles que medem o sucesso de cada ação. Agora ficou mais claro, né? Métricas e KPIs são facilmente confundidos.

Para escolher os melhores indicadores de desempenho, vale considerar duas dicas a seguir:

1. Esqueça as métricas de vaidade, que são aqueles números que só servem para iludir e não mostram um resultado efetivo, como o número de seguidores ou de *likes*. Ter muitas pessoas querendo acompanhar uma empresa nas redes sociais é importante, mas é muito mais significativo formar uma audiência engajada.

Resumindo, é melhor ter mil seguidores engajados e que vão converter em vendas e propagação do que 50 mil em volume. Você gostaria que 10 mil pessoas entrassem em sua loja física e não comprassem nada? Não seria muito melhor que mil pessoas entrassem, tivessem relacionamento com sua marca e, além de comprar, se tornassem promotores dela? Outro exemplo claro são os sorteios nas redes sociais. Será mesmo que é interessante ter tantos comentários em uma única publicação? Não se trata de comentários de pessoas que compram sua marca, gostam dela e, por isso, querem se relacionar, mas de pessoas que gostariam de ganhar um produto. Nas próximas publicações, o engajamento vai ser infinitamente menor. Será que, nesse momento, ter um alto engajamento é sinônimo de sucesso? Quanto ao engajamento, ele é relevante, mas alguns números são bem mais importantes do que as curtidas e os comentários. Para tanto, é preciso concentrar nas métricas de resultados a fim de transformá-las em indicadores-chave de desempenho.

2. Esses medidores mudam sempre, porque os objetivos de marketing também mudam. Quando você consegue o sucesso em alguma meta, essa métrica deixa de ser relevante naquele momento e um novo objetivo surge. Então, é importante ter periodicidade e frequência na análise de indicadores de desempenho e na definição de objetivos.

Analisar métricas é essencial, mesmo que as ações de marketing sejam pequenas ou estejam voltadas a uma empresa iniciante, que use apenas uma rede social. Portanto, ainda que um negócio utilize somente o WhatsApp Business, por exemplo, é importante dar atenção aos dados. O maior erro dos profissionais em início de carreira é não analisar os números, ou fazê-lo superficialmente e ir tomando decisões no escuro. Essa análise faz parte desde o início do planejamento até quando as ações são colocadas em prática.

1.3
Quais métricas são importantes?

As melhores métricas, que se tornarão indicadores-chave de desempenho, são aquelas que vão revelar se o planejamento está dando certo, se os objetivos estão sendo alcançados. Elas podem ser classificadas em dois grupos:

1. **Métricas sociais**: geralmente, são as métricas das redes sociais. Nas redes sociais, várias métricas são relevantes, mas não estão associadas diretamente a vendas. Na internet, precisamos pensar que as ações são muito mais sobre relacionamento do que vendas diretas. No Google, o maior buscador do mundo na web, a maior parte das buscas não tem intenção de compra, mas sim de obter informação. Também nas redes sociais isso é uma realidade. Os usuários, em regra, seguem uma marca nesses canais não para comprar, mas criar um relacionamento. A venda acontece, mas como consequência, de maneira espontânea. Isso não significa que todas as métricas sociais podem tornar-se indicadores-chave de desempenho, já que, nas redes sociais, é preciso ter um planejamento traçado. As métricas sociais têm mais relação com o reconhecimento da marca do que com a venda direta. A grande verdade é que as redes sociais constituem um canal de *branding* (gestão da marca), ou seja, são canais de comunicação que as marcas podem usar para fortalecer seu posicionamento. Se você tivesse de ficar sozinho em uma ilha deserta por 10 dias e pudesse levar itens de apenas três marcas, quais escolheria? Isso é *branding*. Essas marcas que você escolheu têm um forte posicionamento e grande valor para você como consumidor. Quando falamos em marca, quais você prioriza? Essas apresentam um bom *branding*. O *branding* envolve o posicionamento da marca em questões visuais, comportamentais, de relacionamento etc. e, por

isso, redes sociais podem ser exploradas nesse sentido, visto que, nelas, os usuários geralmente navegam em seus horários de descanso, de passatempo, então não buscam comprar diretamente, mas são influenciados pelos conteúdos que acessam. Também são métricas sociais algumas oriundas de sites que envolvem venda de maneira indireta, como: visualização do *blog*, tempo de permanência, taxa de rejeição, taxa de visitas únicas, termo de busca etc. Enfim, trata-se das métricas que fazem parte de uma conversão micro (que levam o usuário à conversão, propriamente dita).

2. **Métricas comerciais**: é claro que, antes de analisar as métricas, é preciso estabelecer o objetivo para conseguir compreender quais delas são importantes. No caso de métricas comerciais, são os números que indicarão o sucesso de ações que têm a ver com vendas efetivas, como: *ticket* médio, taxa de conversão em vendas, retorno sobre o investimento (ROI), conversão em *leads*, recorrência de compra.

Exemplo prático

Um *e-commerce* com taxa de conversão de 2%, ou seja, a cada 100 acessos, 2 pessoas compram, corresponde a uma métrica comercial. Para conseguir esses 100 acessos, foram feitos um *post* no *blog*, que foi visto por 10 mil pessoas, e um *post* no Instagram, que teve uma taxa de envolvimento de 30% (a cada 100 seguidores, 30 engajaram). Isso corresponde a uma métrica social.

As métricas sociais fazem parte de um contexto de microconversões, isto é, os eventos que ocorrem até que o usuário realmente efetive a compra precisam ser medidos. Já as métricas comerciais mostram as macroconversões, que são os objetivos que foram alcançados.

As métricas devem ser analisadas com muita estratégia, já que os artifícios de marketing digital funcionam como uma engrenagem, e não com ações soltas. Por exemplo: um usuário buscou no Google por uma camiseta vermelha com estampa da Nasa. Ele verificou o produto, mas não comprou. Depois viu o mesmo produto na rede social e se interessou. Recebeu um e-mail marketing e, finalmente, concluiu a compra. As ferramentas de análise mostrarão que a conversão aconteceu por meio do e-mail marketing, porém todo o caminho que antecedeu a conversão foi essencial. Ter visto o produto na rede social, por exemplo, fez com que o usuário considerasse a compra. Por isso, as métricas devem ser pensadas como uma estratégia em 360 graus, e não como uma análise fria e pontual.

É claro que todas as métricas são relevantes, dependendo do objetivo. E é claro, também, que as métricas sociais e comerciais se complementam. Se a empresa tem site e redes sociais, como não definir indicadores-chave em dois cenários? Já que no digital todas as estratégias devem ser integradas, a análise de métricas também precisa ser.

Portanto, as métricas se completam, por isso não é viável escolher entre analisar métricas sociais ou de negócio. Se a empresa está em vários canais, precisa transformar várias métricas em indicadores-chave de desempenho.

Estudo de caso
Importância da informação inicial sobre métricas

Uma empresa que vende camisetas na internet estava feliz por ter bastante seguidores nas redes sociais, mas, após ter contato com a análise de métricas, iniciou um plano de marketing com o objetivo de aumentar as vendas. Nesse planejamento, percebeu que as pessoas de fato viam as camisetas no site e nas redes sociais, até porque existiam bastante seguidores, mas o esforço estava trazendo poucos resultados.

Depois de implantar o processo de análise de métricas e de definição de indicadores-chave de desempenho e tomar uma decisão estratégica baseada nesses dados, essa empresa começou a notar que não importava o número de seguidores, mas quantos desses seguidores engajavam-se com os conteúdos e, principalmente, compravam.

A loja, agora, considera os indicadores antes de todos os planejamentos e, ao final de todos eles, verifica se as estratégias foram assertivas. Para isso, foi preciso conhecer, na prática, a importância das métricas e de seu acompanhamento.

Síntese

Neste capítulo, vimos que a análise de métricas é um fator essencial e, para tanto, é preciso compreender o que são métricas, indicadores-chave de desempenho e suas diferenças, bem como conhecer as métricas mais importantes para qualquer tipo de negócio. Ressaltamos que métricas e dados fazem parte do processo decisório de qualquer tipo de organização que priorize a *performance* e a produção de conteúdo baseado em dados para uma melhor experiência do usuário.

O objetivo deste capítulo foi mostrar que, para traçar uma estratégia de marketing digital por meio de dados, primeiramente é necessário conhecer as métricas e adentrar nesse mundo.

Questões para revisão

1. Com relação às métricas, assinale a alternativa correta:
    a. Sempre foi possível obter dados sobre o comportamento dos consumidores, mesmo em mídias *off-line*.
    b. Dados, informação e conhecimento são a mesma coisa.
    c. As métricas são o primeiro passo para que uma empresa consiga planejar ações e tomar decisões baseadas em dados.
    d. Todas as métricas podem ser chamadas de *KPIs*.
2. Analise as assertivas a seguir e indique V para as verdadeiras e F para as falsas.
    ( ) Para ter sucesso com o marketing digital, basta um grande número de seguidores ou de visualizações, afinal o volume é um fator importante, e quem não é visto não é lembrado.
    ( ) As métricas sociais fazem parte de um contexto de microconversões, ou seja, não é uma conversão efetiva, mas, por meio dessa ação, o usuário já demonstra o interesse em converter.
    ( ) As macroconversões estão relacionadas aos objetivos a serem concluídos e fazem parte de métricas comerciais.
    ( ) Uma empresa precisa considerar sempre os mesmos KPIs, independentemente do resultado.

Agora, assinale a alternativa que apresenta a sequência correta:
a. V, V, V, V.
b. F, V, F, V.
c. F, F, V, V.
d. F, V, V, F.

3. Assinale a alternativa correta:
   a. Se um comércio eletrônico com o objetivo de vendas tem um grande número de visitas no site e poucos seguidores nas redes sociais, basta divulgar mais as redes sociais para construir uma audiência mais forte.
   b. Para qualquer objetivo a ser alcançado, as métricas têm de servir como parâmetro do estado atual e como direcionadoras daquilo que precisa ser analisado a fim de que se possa avaliar os resultados.
   c. KPIs nunca mudam. Sempre os mesmos indicadores demonstram o sucesso da *performance*.
   d. Não é preciso mapear o comportamento do usuário de acordo com métricas comerciais e sociais.

4. Qual é a diferença entre métricas e KPIs? Para que serve o conhecimento sobre KPIs?

5. Como as métricas podem ajudar uma empresa que quer traçar estratégias de marketing digital?

Questões para reflexão

1. Pense em uma empresa fictícia, ou na empresa em que trabalha. Imagine um problema de marketing a ser resolvido, defina um objetivo a ser alcançado e, em seguida, estabeleça quais métricas se tornarão KPIs. Reflita sobre o processo e sobre como os dados podem ajudar a tomar decisões estratégicas.

2. Quais seriam os eventuais prejuízos para uma empresa que não traça planejamentos baseados em dados?

02 Métricas em redes sociais

Conteúdos do capítulo:
- Métricas no WhatsApp Business.
- Métricas no Instagram.
- Métricas no Facebook.
- Métricas no Facebook Audience Insights.
- Métricas no Gerenciador de Anúncios.
- Métricas no YouTube.
- Métricas no LinkedIn.

Após o estudo deste capítulo, você será capaz de:
1. depreender a importância da análise de métricas em redes sociais;
2. reconhecer as principais métricas;
3. aplicar a análise de métricas em redes sociais;
4. diferenciar métricas importantes e estratégicas de métricas de vaidade;
5. expor os processos de planejamento baseados em dados.

O estudo de métricas pode parecer muito confuso no início, já que os dados são quase infinitos e as ferramentas de análise aparentam ser complexas. Mas acredite: quando você começa a visualizar as métricas, a tomar decisões e a perceber que, por meio delas, alcança diferenças significativas, passa a notar que não é tão difícil quanto imaginava, pois, quando se adapta, acaba familiarizando-se com os números e os indicadores. Depende de você ter a vontade de acessar as ferramentas e testar as possibilidades.

Atualmente, nenhuma empresa resiste sem uma presença digital, principalmente em redes sociais. Mas será que todas elas, ou todos os gestores dessas organizações, lembram que é necessário medir os resultados? Será que a análise de métricas faz parte do processo de conhecer a audiência? O marketing digital é uma área bastante dinâmica, que conta com muitas ferramentas, recursos e estratégias. No entanto, sem dúvidas, as redes sociais roubaram a cena na internet. Diante desse cenário, é preciso conceber um planejamento completo para que uma empresa tenha sucesso na web. Portanto, para alcançar um resultado assertivo, é necessário pensar em multicanais. Apesar disso, a realidade de muitos negócios restringe-se a uma atuação apenas em redes sociais. Quando o planejamento é pensando em uma proporção (e resultado) macro, as redes sociais são fundamentais no processo, até porque, para que o usuário conclua uma ação, como a de efetivar a compra, por exemplo, percebe-se que as redes sociais têm relevância em razão do compartilhamento de conteúdo, do relacionamento e da interação em pequenos momentos.

Contudo, mesmo que uma empresa use apenas redes sociais, precisa fazer isso de maneira estratégica. Não basta ter uma abordagem criativa, gerar conteúdo frequente e manter um relacionamento com os seguidores, é igualmente necessário conceber um planejamento estratégico em que a análise de métricas faça parte dos processos inicial e final. Por exemplo: para saber qual é a frequência ideal de publicações, devem ser analisadas as taxas de alcance e as taxas de impressões ao longo do tempo. Se o conteúdo continua aparecendo no *feed* (impressões), não precisa fazer outro *post* em seguida. Para saber qual é o tipo de mídia que agrada ao público (fotos, vídeos, *boomerang*, infográfico), faz-se necessário analisar as métricas de *performance* de conteúdo. Para produzir um vídeo, cabe averiguar as métricas dos vídeos passados a fim de saber se os seguidores estão assistindo a todo o vídeo ou apenas a uma parte dele. Depois que todas as ações são colocadas em prática, continua sendo necessária a análise desses números. Como saber se o conteúdo agradou? É preciso conhecer os números (também nas redes sociais), que correspondem aos indicadores-chave de desempenho, para planejar e/ou avaliar a *perfomance* de uma empresa.

De acordo com a pesquisa Social Media Trends, realizada em 2019, 75,6% das empresas afirmam analisar os resultados nas redes sociais, tendo como principais indicadores o engajamento, com 75,5%, e o alcance, com 72,4% (Rock Content, 2019). Diante disso, é possível perceber que, em geral, as empresas ainda fazem uma análise de métricas muito sucinta. As métricas em redes sociais vão muito além de engajamento, seguidores e alcance das postagens. O processo de análise é simplificado, já que os números chegam prontos e de maneira nativa (as próprias ferramentas fornecem os dados de análise), e esses indicadores são diversos. Veremos, agora, as métricas em diferentes redes sociais.

2.1
Métricas no WhatsApp Business

O WhatsApp é uma rede social da empresa Facebook, utilizada por meio de um aplicativo a ser instalado em dispositivos móveis, com o objetivo de trocar mensagens de texto, áudio, fotos, vídeos, figurinhas, GIFs, realizar chamadas por voz, compartilhar documentos e até mesmo a localização. Também pode ser manuseado via aplicativo disponível no próprio site do WhatsApp para ser baixado no computador. No marketing digital, trata-se de uma rede muito utilizada para responder às mensagens enviadas pelos clientes, mas também deve ser explorada como uma abordagem ativa de comunicação mais direta, com envio de conteúdos relevantes ao público-alvo.

O WhatsApp apresenta dois aplicativos: um voltado para os usuários e outro, o WhatsApp Business, uma versão específica para empresas. Os clientes almejam um atendimento de qualidade, ainda mais no WhatsApp. Por isso, é preciso oferecer a eles um bom atendimento e uma abordagem ativa nesse mensageiro.

A experiência do consumidor é mais efetiva quando ele recebe uma comunicação relevante. Por exemplo: imagine que você tem uma loja de calçados e vai usar o WhatsApp como estratégia de marketing digital. Diante de uma abordagem ativa, em que o ideal é ter um plano de conteúdo a ser enviado aos clientes, é interessante, por exemplo, encaminhar fotos de calçados femininos no tamanho 36 para aquele seleto grupo de mulheres que calçam esse número e usam esse estilo de calçado. Por que enviar para todas as clientes, se você só tem em estoque esse calçado no tamanho 36? Fazendo essa segmentação, conhecendo seu público e utilizando os recursos da rede social, é possível aumentar os bons índices e garantir uma melhor *performance*, fornecendo, assim, uma melhor experiência ao usuário.

Nesse contexto, o WhatsApp não serve somente para responder a mensagens, mas também para agregar valor, assim como as outras redes sociais. O grande ponto positivo é que o WhatsApp Business conta com recursos que ajudam a colocar em prática estratégias como a segmentação de contatos e diversas outras funcionalidades importantes.

O WhatsApp Business coleta dados para a análise das métricas, processo fundamental para saber se a utilização da rede social está surtindo efeitos. Ainda, vale lembrar que a estratégia é que define os resultados satisfatórios obtidos com as métricas. Não adianta comprar listas prontas ou mandar mensagem a usuários que não querem receber. O usuário tem de querer receber mensagens da empresa para que os resultados sejam bons; para tanto, o conteúdo deve ser bom. Desse modo, a análise de métricas mostra-se pouco suficiente, visto que é preciso realizar um trabalho voltado à *performance* da empresa na rede social.

2.1.1 Taxa de recebimento

Se as mensagens não estão sendo recebidas pelos usuários, ou apenas um pequeno número de pessoas está recebendo as mensagens, significa que a lista de contatos não está qualificada o suficiente. Possivelmente, há números inativos, por exemplo. Para melhorar a taxa de mensagens recebidas, é indicado excluir da lista de contatos os números que, repetidas vezes, não recebem as mensagens, bem como conversar com os clientes para que mantenham seus dados cadastrais atualizados. Assim, mantém-se um número limpo e comunica-se com quem realmente engaja com a marca. Por isso a defesa: Sempre é melhor qualidade do que quantidade.

2.1.2 Taxa de abertura

A taxa de abertura, também chamada de *taxa de leitura*, corresponde às mensagens lidas pelos clientes, e esse dado é altamente relevante na análise. Caso a taxa de mensagens não lidas seja alta, significa que os clientes estão recebendo as mensagens, mas não estão lendo. Para melhorar essa taxa, recomenda-se escrever mensagens que sejam atrativas nos primeiros 32 caracteres, que é a quantidade da amostra de mensagem. Por exemplo: "Seus produtos chegaram!"; "Você precisa ver essa promoção". Dessa forma, o leitor verá que a mensagem é importante e vai clicar para ler todo o conteúdo. Nesse sentido, os *emojis* são extremamente funcionais no WhatsApp, tendo em vista a função dessa rede: ser mais informal e de comunicação direta.

A importância dessa métrica também está na taxa de rejeição, que é referente ao número de pessoas que não abriram as mensagens enviadas. Obviamente, o intuito é atingir o maior número de pessoas. Por isso, reiteramos: É preciso criar mensagens com um início bem atrativo, fugindo da pró-forma "Olá, tudo bem? Somos da empresa X...". Quando os clientes recebem um e-mail, o que determina se a mensagem será lida é o assunto deste e-mail, é ele que motiva (ou não) a abertura da mensagem. Já no WhatsApp, o que vai determinar a leitura é o *preview* (a prévia). Nos aparelhos Android, as amostras comportam entre 32 e 45 caracteres; nos aparelhos da Apple, a amostra vai de 55 a 75 caracteres. Portanto, deve-se criar uma mensagem atrativa logo no início.

2.1.3 Taxa de leitura

A taxa de leitura, também conhecida como *taxa de resposta*, não é uma métrica oficial do WhatsApp, mas é possível ser calculada a partir das mensagens recebidas e respondidas. As mensagens contabilizadas como respondidas são muito importantes, pois significa quantas pessoas receberam, leram e responderam as mensagens enviadas. Para fazer com que os clientes respondam mais às mensagens, é indicado empregar um discurso mais informal, característica própria do WhatsApp, utilizando *emojis*, figurinhas e GIFs. É importante enviar mensagens criativas, que estimulem a interação, como, por exemplo, terminar o texto com uma pergunta: "O que você, como aluno da escola de engenharias, achou disso?"; "O que nós, da empresa X, podemos fazer para ajudá-lo com relação a isso?".

Outra ação simples que aumenta a taxa de resposta é não enviar tudo em uma única mensagem, mas iniciar uma conversa e ir direcionando as informações aos poucos. Dessa forma, não parece que a mensagem foi enviada em massa. O usuário precisa sentir-se único, mas, quando se depara com um grande bloco de texto, já percebe que a mensagem foi remetida a outras pessoas simultaneamente.

2.1.4 Taxa de visualização de *status*

Além das estatísticas de mensagem, também é possível analisar quantas pessoas visualizaram os *status*: fotos ou vídeos que ficam disponíveis por apenas 24 horas. Sempre que você publicar algum conteúdo nos *status*, pode verificar quantas pessoas viram e até mesmo o horário da visualização. Se você publicar os conteúdos nos horários em que têm mais frequência de visualização, a chance de o conteúdo ser mais visualizado é maior. O ponto positivo, além de ser um canal direto de comunicação, é justamente o imediatismo. Funciona muito bem para aqueles negócios que vendem produtos. Para aumentar essa métrica, não tem segredo: é preciso apostar em conteúdos relevantes. Além disso, para que os usuários vejam os *status*, eles precisam ter o número adicionado, então cabe pedir aos clientes mais próximos que adicionem o número na agenda.

O WhatsApp é uma rede social que pode e deve fazer parte das estratégias de marketing digital caso o público seja encontrado por esse meio. Por isso, os conteúdos devem ser interessantes, a fim de fortalecer o relacionamento com a audiência.

2.2 Métricas no Instagram

O Instagram é uma rede social de característica altamente visual. Os usuários e as marcas podem publicar fotos, vídeos de até 1 minuto e carrossel na linha do tempo. Além da linha do tempo, conhecida como *feed de notícias*, existe uma funcionalidade denominada *stories*, em que os usuários e as marcas podem publicar fotos e vídeos de até 15 segundos que somem após 24 horas, e o IGTV, voltado para vídeos com mais de 1 minuto.

O Instagram foi criado em 2010. Em 2011, a empresa já contabilizava mais de 10 milhões de usuários e, em 2012, o aplicativo foi vendido para a empresa Facebook. Atualmente, a rede social tem mais de 1 bilhão de usuários ativos e 15 vezes mais interação do que outras redes sociais, por isso é considerada uma das redes sociais que mais cresce no mundo.

Por ser uma rede social caracterizada pelo imediatismo, alguns profissionais acabam deixando de lado o processo de planejamento e de análise de métricas, voltando seus esforços apenas para conteúdos que possam ser consumidos imediatamente. Contudo, para ter sucesso no Instagram, é preciso conhecer o público e saber se o conteúdo está agradando, de modo a ter sempre uma boa *performance*. É sabido que a presença digital nas redes sociais tornou-se fundamental, mas somente a análise dos resultados pode mostrar o que funciona ou não e qual é o tipo de conteúdo que os seguidores mais gostam. Dessa maneira, é possível conhecer a audiência com riqueza de detalhes e implementar atividades eficazes na rede.

Algumas ferramentas fornecem dados para acompanhamento de resultados, mas os principais indicadores estão na rede social e podem ser vistos de maneira nativa. Vale lembrar que o Instagram, para os usuários, não tem métricas completas, estando disponíveis apenas para as contas comerciais, por meio da ferramenta denominada *Instagram Insights*. Cabe ressaltar que as métricas dependem sobremaneira dos objetivos. Vamos conhecer algumas dessas métricas a seguir.

2.2.1 Stories

Quando você posta algum conteúdo nos *stories*, precisa analisar os resultados para saber se agradou ou não a seus seguidores. Nas métricas dos *stories*, você pode averiguar:

- Número de visualizações (ainda na mesma tela do conteúdo).
- Interações: mostra o número de ações realizadas pelos usuários a partir do *story* postado, como respostas e visitas ao perfil, ou seja, a partir desse *story* específico, o número de pessoas que responderam e quantas clicaram no nome de perfil para acessar mais conteúdos. Ambas são muito importantes, pois demonstram o interesse do usuário pelo conteúdo.

- Descoberta: informações que mostram quantas pessoas viram o conteúdo e onde elas o encontraram. Alcance: número de pessoas que viram a foto ou o vídeo. Caso se perceba uma diminuição no alcance, é preciso reestruturar o plano de conteúdo, testando diferentes formatos, abordagens e demais variáveis. Impressões: número de vezes que o *story* foi visto (um *story* pode ser visto várias vezes pelo mesmo usuário, então é contabilizado um alcance e várias impressões). Geralmente o número de impressões é mais elevado que o de alcance, o que significa que a história foi repetida mais vezes. Seguidores: número de pessoas que passaram a seguir o perfil a partir desse *story*. Essa é uma excelente métrica, pois mostra que o conteúdo foi tão relevante que as pessoas resolveram começar a seguir a fim de obter conteúdos atualizados. Voltar: número de vezes em que as pessoas clicaram do lado esquerdo da tela para rever a foto ou o vídeo anterior a esse *story*. Esse pode ser um bom indicador de que o conteúdo está agradando, afinal o usuário percebeu que seria importante revê-lo. Toques para avançar: número de vezes em que as pessoas clicaram no canto direito da tela para ver a próxima foto ou vídeo no *story* (geralmente, esse número é alto, já que, pelo comportamento dos usuários nos *stories*, as pessoas tendem a assistir e ir passando para os próximos de maneira muito rápida, o que pode não significar que o conteúdo desagradou. Quando o *story* é em vídeo, essa métrica merece atenção, pois, se as pessoas pularem, é porque não assistiram até o fim. Próximo *story*: número de vezes em que as pessoas clicaram para ver os *stories* da próxima conta. Saídas: número de toques para sair do *story*, a partir de um *story* específico. A análise dos *stories* também mostra quantos cliques tiveram os adesivos (*stickers*), as *hashtags* usadas, o *check-in* (localização), as figurinhas (menção via nome de usuário – métrica essencial para o marketing de influência, já que é possível saber quantas pessoas acessaram aquele perfil específico a partir de um *story*).

Além dessas métricas de *stories*, é possível saber quantas pessoas compartilharam, nos *stories* delas, um conteúdo que você postou em seu *feed*. É um indicador muito importante, pois mostra que os seguidores gostaram tanto do conteúdo que quiseram que seus amigos também vissem. Nesse caso, o conteúdo aparece no *story* do seguidor que compartilhou, portanto é uma métrica que fica disponível apenas durante as 24 horas em que esse *story* está ativo. Para visualizar, basta acessar sua publicação no *feed* e clicar em "Visualizar recompartilhamentos do *story*".

Também é possível acessar as métricas dos *stories* por meio de uma análise mais detalhada, na ferramenta de análise do próprio Instagram, em "Informações". Na aba de conteúdo, existe uma parte dedicada à análise de *stories*. Nela, é possível ver o desempenho das histórias no período de 24 horas, 7 dias ou 14 dias, portanto, pelo menos quinzenalmente, é preciso visualizar esses indicadores. Ainda, pode-se visualizar todos os *stories* a partir de uma segmentação de interações. São elas: alcance, cliques no *link*, cliques no site, começaram a seguir, como chegar, compartilhamentos, e-mails, encaminhamentos, impressões, ligações, próximo *story*, respostas, SMS, saídas, visitas ao perfil e voltar. Logo, por meio dessa ferramenta é possível ranquear e analisar qual tipo de conteúdo teve melhor *performance* de acordo com o objetivo em dado período. Ao passo que, pelo próprio *story*, a análise é realizada separadamente. Assim, os Insights permitem estabelecer comparativos.

Desse modo, se o Instagram Story faz parte da estratégia digital, é preciso analisar esses indicadores a fim de que o conteúdo retorne ainda mais resultados.

2.2.2 IGTV

É possível ter acesso às métricas diretamente pelo IGTV, as quais reúnem os seguintes elementos:

- **Envolvimento**: informações de todos os envolvimentos entre o público e o conteúdo. São elas: (a) Visualizações: número de pessoas que assistiu ao vídeo (atenção: se o usuário assistir por menos de 3 segundos, é contabilizada uma impressão, e não uma visualização, pois como o vídeo inicia automaticamente no *feed*, ele pode ter iniciado sem que o usuário estivesse realmente assistindo. A partir de 3 segundos, é contabilizada uma visualização); (b) Curtidas: número de curtidas que o vídeo obteve; (c) Comentários: número de comentários que o vídeo recebeu. Para aumentar esse resultado, é preciso incentivar os seguidores a comentar algo. Esse incentivo pode ser tanto no decorrer do vídeo quanto na legenda, como: "Neste vídeo falamos sobre como usar as *hashtags*, mas, e você, como prefere utilizá-las?"; "Quais ferramentas de marketing digital você acha que são importantes? Comente aqui". Vale sempre testar essas chamadas para a ação.
- **Retenção de público**: mostra a porcentagem média assistida pelas pessoas, e existe até mesmo um gráfico que indica a porcentagem de reproduções ativas em determinado período. O cálculo da porcentagem do vídeo assistido é uma média de todas as reproduções. Por meio desse indicador, é possível identificar se os conteúdos postados no IGTV estão agradando à audiência e, principalmente, traçar estratégias para os próximos vídeos, já que identifica como foi a retenção de atenção dos visualizadores, direcionando o caminho a ser seguido pelos próximos vídeos. Se os primeiros segundos do vídeo não forem altamente relevantes, ele pode perder a retenção (as pessoas param de assistir). Ciente desse ponto, é fundamental que se faça um planejamento de conteúdos que sejam cada vez melhores. Somente desta forma é garantida uma melhoria contínua: com análise de dados e tomada de decisão.

2.2.3 Métricas de conteúdo

Ao acessar os Insights do Instagram, existem três relatórios de análise. O primeiro é sobre métricas de conteúdo. Ele mostra uma visão geral sobre as publicações no *feed* da última semana e nos *stories* das últimas 24 horas. Essa visão geral trata apenas da quantidade de conteúdo publicado. Na mesma tela, são disponibilizadas as métricas de *stories* e de publicações. Já vimos sobre as de *stories*, então, agora, vejamos as métricas de publicações. Existem três filtros:

1. **Tipo de publicação**: é possível optar pela análise de fotos, vídeos, publicações em carrossel (um álbum de fotos) ou publicações de compras.
2. **Período**: analisa as métricas de publicações dos últimos 7 dias, 30 dias, 3 meses, 6 meses, 1 ano ou 2 anos.
3. **Interação**: cria um *ranking* de publicações de acordo com o tipo e o período escolhido, em conjunto com o indicador de interações – alcance, cliques no site, usuários que começaram a seguir, comentários, como chegar, compartilhamentos, curtidas, e-mails, envolvimento, impressões, ligações, SMS, salvamentos e visitas ao perfil.

Esse conjunto de métricas evidencia a relação entre os seguidores e a marca de acordo com o conteúdo publicado. As interações são importantes, já que é por meio delas que o Instagram considera a relevância de determinado perfil para entregar esse conteúdo a mais pessoas. Quando postamos algo no Instagram, não são 100% dos seguidores que abrem o celular e veem a nossa publicação. Esse conteúdo é entregue a uma amostra de seguidores e, conforme a interação dessa amostra, o Instagram passa a difundir mais o conteúdo. Como sabemos que, naturalmente, as pessoas não rodam todo o *feed* para ver todas as publicações de todas as contas, é importante ter um alto número de alcance das postagens, o que se atinge com engajamento.

O engajamento é atingido mediante a elaboração de bons conteúdos, e bons conteúdos são criados com base na análise dos conteúdos passados, a qual permite compreender o que mais agrada ao público. Que tipo de conteúdo teve mais alcance? Qual conteúdo foi mais comentado? O que essas publicações têm em comum? Quais eram as legendas, o horário da publicação, o dia da semana? Qual foi a abordagem desses conteúdos?

Além desses relatórios do Insights, é possível medir a qualidade do conteúdo de forma individualizada, por meio da própria publicação. Basta clicar em "Ver informações" e arrastar a tela para que mais números apareçam. De início, é possível verificar o envolvimento através de *likes*, comentários, envios pelo *direct* e salvamentos. Ao contrário do que muitos pensam, *likes* e comentários não são os únicos elementos que importam; na verdade, salvamentos e envios pelo *direct* são as métricas mais relevantes de engajamento. É possível calcular a taxa de engajamento de um perfil a partir do nível médio de envolvimento em determinado período, fazendo a divisão pelo número de seguidores daquele momento. Também existe a taxa de engajamento por *post*, que é o número de interações dividido pelo número do alcance do *post*. Exemplo: 200 alcances e 10 interações: 10/200 = 0,05 × 100 = 5. A cada 100 pessoas alcançadas pelo *post*, 5 engajaram.

Outros números estão disponíveis, tais como:

- **Visitas ao perfil**: número de pessoas que clicaram para ver o perfil a partir desse conteúdo.
- **Alcance**: número de pessoas que viram esse conteúdo (seguidores ou não). Também é possível fazer um cálculo manual para descobrir qual é a taxa de alcance, transformando o número em porcentagem. Para calcular a taxa de alcance, é só dividir o número de pessoas alcançadas pelo número total de seguidores. Exemplo: tenho 5.000 seguidores e minha publicação alcançou 2.400 pessoas: 2400/5000 = 0,48 × 100 = 48%. Nesse cálculo, o valor é aproximado, uma vez que a publicação pode ter alcançado também pessoas que não são seguidoras.

- **Cliques no site**: só é possível adicionar um *link* no Instagram via *stories* se a conta tiver mais de 10 mil seguidores ou for uma conta verificada. Caso contrário, o único *link* externo possível de ser inserido nos *stories* é do IGTV. Com exceção, claro, dos anúncios e dos produtos do Instagram Shop. Contudo, de maneira orgânica (gratuita), é possível colocar um *link* clicável na biografia e depois conferir quantos cliques no *link* ocorreram em dado período. Como o Instagram é uma fonte de tráfego para sites, é preciso tomar cuidado para que a URL presente no perfil esteja correta e a página de destino seja de boa qualidade. Ainda, cabe verificar essa métrica junto com as do site, a fim de analisar se o usuário do Instagram que clica no *link* e chega no site também aumenta a taxa de conversão. Alguns sites concentram vários *links* em somente uma página, como em: abre.ai/linksdamaria. Caso faça sentido para a estratégia planejada, vale experimentar esse recurso. Essa métrica merece atenção para os *posts* em que a chamada para a ação é avisar que tem um *link* na biografia, a famosa "bio".
- **Impressões**: número de vezes em que esse conteúdo foi visto. O número de impressões é sempre maior que o de alcance, pois se um usuário viu o *post* 4 vezes, tem-se 1 alcance e 4 impressões. O Instagram informa quantas impressões vieram de canais externos, como: da página inicial (*feed* de notícias), do perfil (pessoas que clicaram em determinado perfil e, depois, em certa publicação), de *hashtags* (métrica essencial para determinar quais *hashtags* serão importantes para os próximos conteúdos), do Explorar (uma página do Instagram com conteúdos que podem interessar) e de outro (qualquer outra forma pela qual a pessoa tenha chegado em determinado *post*, que pode ser desde o *link* do *post* em um PDF, em um e-mail marketing ou até mesmo seguidores que compartilharam o conteúdo em seus *stories* e os amigos clicaram para ver do que se tratava).

Portanto, as métricas dos relatórios são fundamentais na concepção de conteúdos que entregam qualidade contínua ao público. Sob essa ótica, é essencial planejar os próximos materiais com base em dados reais.

2.2.4 Métricas de atividade

A aba "Atividade" mostra as métricas referentes aos últimos 7 dias. O gráfico indica os dias da última semana que o conteúdo alcançou mais contas (métrica de alcance). Também mostra o número de alcance e as impressões acumuladas por esses 7 dias e um comparativo com os 7 dias anteriores a essa análise, ou seja, é um comparativo entre as duas últimas semanas. Obviamente a ideia é que tal número seja sempre crescente, uma semana sempre melhor do que a outra com relação ao alcance e às impressões. Além disso, na parte de baixo da tela estão disponibilizados números referentes às interações dos últimos 7 dias, também com um gráfico que mostra os dias da semana em que as interações (visitas ao perfil e cliques no site) aconteceram mais frequentemente. Nesse gráfico, também é possível visualizar o comparativo entre as duas últimas semanas.

2.2.5 Métricas de seguidores

É importante ter uma base sólida de fãs, e no Instagram eles correspondem aos seguidores. No entanto, número não é tudo e, na maior parte do tempo, essa é uma métrica que não diz nada. Um número menor de seguidores engajados faz mais diferença do que uma grande quantidade que não interage e não tem relacionamento com a marca. De qualquer forma, é preciso avaliar o crescimento de seguidores, bem como a queda (o Instagram também fornece métricas de *unfollow*). Na primeira parte da tela, consta o número de seguidores e o crescimento referente à semana passada. Além disso, indica as seguintes informações:

- **Crescimento**: O público cresceu nos últimos 7 dias? Em algum dia teve mais seguidores conquistados? No gráfico, o geral mostra o número de contas que começaram a seguir o perfil, menos o número de pessoas que deixaram de segui-lo ou saíram do Instagram. Também é possível ver o dia em que se conquistou mais seguidores, bem como as pessoas que deixaram de seguir. Quanto mais seguidores se tem, naturalmente, maior será o número de pessoas que desistem de seguir esse perfil ou deixam o Instagram, com base em proporções. O importante é que o gráfico de crescimento de seguidores esteja sempre positivo, ou seja, que o número de fãs aumente.

- **Localização**: mostra onde estão os seguidores, podendo-se analisar os cinco principais países e as cinco principais cidades. Clicando no gráfico, ele mostra a porcentagem de seguidores concentrados em cada cidade ou país.
- **Faixa etária**: mostra a porcentagem de seguidores a partir de sua faixa etária, bem como a idade específica de homens e de mulheres.
- **Gênero**: indica quantos homens e quantas mulheres seguem a página.
- **Seguidores**: revela a média de horário e dias da semana em que os seguidores acessam o Instagram. Portanto, é possível analisar dias da semana e horários do dia. O horário varia a cada dia. Não necessariamente esses são os melhores dias e horários para publicar conteúdos, uma vez que, se os seguidores estão mais ativos, a concorrência do *feed* e dos *stories* é maior; então, caso se faça uma publicação em um momento de grande audiência, é preciso criar um conteúdo altamente relevante.

Nem toda métrica revela o que aparenta. É preciso ter cuidado, por exemplo, com a métrica de horário. Será que é relevante publicar na hora em que há mais pessoas ativas na rede? Nesse caso, o *feed* fica mais concorrido. A resposta não é "sim" nem "não": depende da estratégia e dos testes realizados. Provavelmente, você já percebeu que a análise de indicadores-chave de desempenho não corresponde a uma receita de bolo.

2.3 Métricas no Facebook

O Facebook, maior rede social do mundo, iniciou em 2004 com o lançamento de um site chamado *TheFacebook*, criado por estudantes de Harvard. No início, o site só funcionava na universidade, mas tomou proporções tão grandes que, atualmente, é a rede social mais importante do mundo.

Apesar de muitas pessoas acreditarem que o Facebook é uma rede social morta, não mais utilizada pelos usuários, ele ainda é muito usado. No Brasil, tem mais usuários do que o WhatsApp, contabilizando mais de 127 milhões de usuários ativos. No mundo todo, são mais de 2 bilhões de usuários ativos mensalmente e mais de 90% das pessoas acessam o Facebook pelo celular. Essa é uma característica relevante dessa rede social: é muito usada em momentos curtos para compartilhar conteúdos de textos, imagens e vídeos a partir de dispositivos móveis. Aqui aparece um indicador relevante, que demanda uma tomada de decisão: se a maioria das pessoas utiliza o Facebook pelo celular, qual é o tipo de conteúdo ideal para fornecer uma boa experiência aos usuários dessa rede? Talvez longos textos não funcionem bem, já que a tela do celular é pequena e as pessoas tendem a ler com mais pressa.

O objetivo principal da utilização do Facebook é cumprir com o papel de toda rede social: interagir com pessoas e negócios. Portanto, nessa rede social, é possível compartilhar fotos, vídeos, textos, elaborar enquetes, usar GIFs animados, fazer transmissões ao vivo, participar de grupos de interesses em comum, interagir com as pessoas curtindo, comentando e compartilhando publicações. O Facebook tem 70 opções de idiomas nas configurações.

No marketing, o mais importante é conhecer o público-alvo, afinal, na internet, tudo é muito dinâmico e o público está cada vez mais com pressa e exigências. Por esse motivo, a pesquisa do público ideal precisa ser feita junto ao planejamento, que envolve analisar as métricas, definir os indicadores-chave e tomar decisões. E por que é tão importante saber os hábitos do público? Como ele se comporta? Basicamente porque a marca deve fornecer ao usuário que a segue ou que busca conhecê-la uma excelente experiência. Isso só se alcança conhecendo os hábitos dessas pessoas. Não definir o público pode fazer com que toda a estratégia seja desperdiçada, já que não vai surtir efeitos satisfatórios. O foco é sempre nas pessoas.

2.4
Métricas no Facebook Audience Insights

Uma ferramenta nativa do Facebook funciona muito bem para analisar dados do público que está conectado à determinada página e, também, de todas as pessoas que estão conectadas no Facebook. Essa mesma ferramenta auxilia muito o profissional na hora de criar anúncios pagos no gerenciador de anúncios do Facebook, afinal, do que adianta pagar para o Facebook encontrar um público que não é o ideal? A segmentação é um dos principais pontos positivos do marketing digital e pode ser explorada por essa ferramenta: o Facebook Audience Insights. Em tradução livre, *insights* significa "ideias" e *audience*, "audiência", ou seja, "ideias de audiência". E só é possível obter ideias de audiências, de maneira clara, por meio de dados.

Essa ferramenta do próprio Facebook viabiliza aos anunciantes conhecer seu público com mais detalhes e criar campanhas de anúncios efetivas. Para analisar os indicadores que existem nessa ferramenta, inteiramente em métricas, é fundamental conhecê-la e entender melhor o público-alvo, de modo a tomar decisões de acordo com as métricas levantadas.

É possível analisar dados demográficos, geográficos, comportamento de consumo, estilo de vida e, até mesmo, o cargo e as páginas que o público ou pessoas que não estão conectadas a determinada página curtem. Essa ferramenta mostra tendências sobre idade, sexo, estado civil, escolaridade, idiomas, informações de interesse e vários outros indicadores. Quando uma pessoa cria uma conta na rede social e clica em "Aceito os termos de uso", ela assina virtualmente um contrato que permite que o Facebook colete essas informações pessoais. Dessa forma, o Facebook consegue concentrar inúmeras informações relevantes sobre os usuários, e é por isso que, muitas vezes, na condição de usuários, somos impactados por anúncios que nos fazem acreditar que estamos sendo vigiados. Contudo, isso acontece em razão dessa coleta de informações e da possibilidade de criação de anúncios ultrassegmentados. O Facebook permite usar as redes sociais sem cobrar nada, mas, em troca, ele tem acesso a diversos dados: idade, sexo, relacionamento, nível educacional, cargo, interesses, localização, idioma, *hobbies*, comportamento de compras, tendências, preferências e vários outros. Para atingir o público exato a partir de segmentações, as empresas pagam para o Facebook, isto é, o usuário utiliza a rede social gratuitamente, fornecendo seus dados para receber anúncios segmentados de acordo com seu perfil e, consequentemente, comprar das empresas anunciantes. Mesmo de maneira orgânica (sem anúncios), é preciso conhecer o público a fim de manter uma comunicação adequada.

Analisando informações sobre o comportamento de compra *on-line* e quais categorias o público é mais propenso a comprar, por exemplo, é possível traçar objetivos claros que vão ajudar no relacionamento com a audiência. Analisando as métricas e identificando que o público é composto, na maior parte, por mulheres casadas e que iniciaram uma pós-graduação, por exemplo, a tomada de decisão já é orientada, e os conteúdos começam a ter as características da audiência. Só conhecendo o público é possível tornar as estratégias certeiras, surtindo, então, o resultado esperado. A melhor parte é que trata-se de uma ferramenta bem intuitiva. Vale lembrar que os dados são apenas dos usuários de Facebook, não de outras redes como Instagram ou WhatsApp, mesmo que pertençam à mesma empresa.

Mãos à obra

Acesse o Facebook Audience Insights via Gerenciador de Anúncios ou pesquise no Google pelo nome da ferramenta. Escolha se quer obter informações do público conectado à sua página ou de pessoas de todo o Facebook. Agora, é só usar os filtros disponíveis na parte esquerda da tela para definir o público-alvo e analisar os resultados que aparecem nos gráficos interativos.

• •

Já sabemos que informações soltas não significam nada, certo? Não seria diferente com a ferramenta de análise de público do Facebook. Então, como tomar decisões com base nos dados disponíveis?

Quando a ferramenta abre na página inicial principal e se escolhe analisar os resultados de todos do Facebook, é possível já ter uma ideia do público geral do Facebook, pois, mesmo sem utilizar filtro nenhum, a ferramenta mostra um panorama. No menu inicial, é possível verificar as seguintes informações:

- **Dados demográficos**: mostra a porcentagem média de homens e mulheres conectados e ativos na ferramenta. É claro que esses dados mudam sempre, mas, por meio dessa análise, entende-se qual é a faixa etária com mais volume de usuários ativos na rede social. Ele também mostra a porcentagem de solteiros, em relacionamento sério, noivos, casados, além da escolaridade. Essa página de dados demográficos é tão rica que revela até o cargo dos usuários, a porcentagem deles que trabalha na mesma profissão, sendo possível comparar uma profissão com outra. Quando a marca está no início do planejamento e o time ainda não conhece o público-alvo e ainda não definiu quais mídias utilizar, analisar esses dados pode auxiliar enormemente nesse processo.

- **Curtidas na página**: indica quais são as páginas com mais curtidas do Facebook por ordem de relevância e à qual categoria pertence determinada página. Aponta as 17 principais páginas de acordo com a categoria e, na parte de baixo da tela, aparecem as 32 páginas mais relevantes do Facebook.

- **Localização**: revela os principais países, cidades e idiomas. Nesse caso, os locais com mais usuários ativos ficam melhores colocados no *ranking*. O Brasil, por exemplo, perde apenas para a Índia e os Estados Unidos.
- **Atividade**: mostra uma média de quantas pessoas estão engajando de alguma forma – curtindo páginas, comentando, curtindo publicações, compartilhando etc. –, bem como indica quais dispositivos e sistema operacional os usuários mais usam para navegar nessa rede social.

Além dessas análises, é possível utilizar os filtros do lado esquerdo para segmentar a busca e entender, por exemplo, quantas mulheres estão no Facebook e são usuárias ativas que moram em Curitiba, têm 26 anos, gostam de vinho, trabalham como professoras universitárias e se interessam por marketing. Todas essas informações são indicadores que ajudam muito, principalmente na etapa de planejamento e criação do público ideal.

O Facebook Audience Insights fornece inúmeros dados, mas dados sem análise, como sabemos, não significam nada. É preciso desenvolver o senso de análise para reverter esses números em algo que contribua para o negócio.

É fundamental analisar resultados do Facebook para saber quais tipos de postagens funcionam melhor para determinado público. Além de planejar e produzir um conteúdo que seja relevante, é preciso avaliar o **desempenho da página** por meio dos indicadores, contidos no Facebook Insights e disponíveis em todas as *fanpages* da rede social. As métricas vão desde a mais básica até informações avançadas, que podem e devem fazer parte da análise caso se queira alcançar melhores resultados na rede social.

Ao acessar o Facebook Insights, são mostrados dados sobre: ganho e perda de seguidores, origem dos seguidores, total de seguidores, curtidas na página, alcance das publicações (orgânico e pago), visualizações da página, interações e envolvimentos com os *posts*, prévias da página, todas as ações feitas na *fanpage*, métricas de vídeos, métricas de mensagens e riquíssimos dados sobre o público. Tudo isso em uma só ferramenta gratuita e bem intuitiva. É claro que nem todos esses dados interessam à estratégia adotada, já que tudo sempre depende do objetivo preestabelecido. Por analogia, é como as funcionalidades disponíveis em um *smartphone*: são inúmeras, mas não se usa todas concomitantemente, apenas aquelas que fazem sentido para um objetivo específico. Assim é também com as métricas. É preciso conhecê-las para entender quais são, de fato, importantes.

Mãos à obra

Acesse sua página e clique em "Informações". Nessa página, é possível analisar vários indicadores. O primeiro, uma página de visão geral, como o próprio nome já diz, permite ter uma noção geral do desempenho de sua página em quatro períodos: ontem, hoje, últimos 7 dias e últimos 28 dias. Acesse esse item e veja o cenário geral de sua página de acordo com as principais métricas, o qual traz, ainda, um comparativo com o período passado. Pode ser usado em análises mais breves, sem muito detalhamento.

Vejamos, a seguir, o significado de cada indicador da visão geral e como eles podem ser agregados à estratégia.

- **Ações na página**: mostra o total de cliques que os usuários deram em campos como site, número de telefone, solicitação de rota ou outros botões que demonstrem uma ação como um todo. É um indicador relevante, pois evidencia o interesse das pessoas em entrar em contato ou ir até determinada empresa.

- **Visualizações da página**: indica quantas vezes a página foi visualizada pelos usuários.
- **Prévias da página**: apresenta o número de vezes que as pessoas colocaram o *mouse* em cima do nome da página ou do nome do perfil para ver uma prévia de seu conteúdo.
- **Curtidas na página**: revela o número de novas pessoas que curtiram a página. O Facebook deixa claro que esse pode ser um número estimado, ou seja, pouco preciso. Esse índice mostra o número de curtidas orgânicas (sem pagar) e aquelas decorrentes de campanhas de anúncios pagos.
- **Alcance da publicação**: mostra quantas pessoas foram alcançadas com algum conteúdo da página. Esse número confirma que nem todos os seguidores são alcançados pelos conteúdos postados.
- **Recomendações**: indica quantas vezes recomendaram a página através da funcionalidade de recomendação.
- **Engajamento com a publicação**: apresenta o número de vezes que as pessoas se envolveram curtindo, comentando, compartilhando e clicando nos *posts*.
- **Capacidade de resposta**: mostra a taxa de resposta e a média do tempo que se demora para responder a uma mensagem. Quanto mais alta essa porcentagem, melhor é a taxa de resposta. Por óbvio, o ideal é responder rapidamente às mensagens, já que a demora pode fazer com que o usuário desista do contato.
- **Vídeos**: indica o número de vezes que os vídeos foram vistos por, pelo menos, 3 segundos. Caso o vídeo seja visto por um tempo menor que 3 segundos, é contabilizada uma impressão, e não uma visualização, conforme já mencionamos.
- **Seguidores da página**: revela quantas pessoas novas começaram a seguir a página. As pessoas podem escolher curtir ou apenas seguir determinada página. As duas funções são bem parecidas, já que o usuário vai receber conteúdos veiculados na

página da mesma forma, mas, quando segue, não consta, no perfil desse usuário, como uma página curtida. Esse também é um número impreciso.

- **Pedidos**: mostra quantos pedidos foram recebidos pela página e quais foram os ganhos. Essa métrica é relevante para quem usa o recurso de Loja no Facebook.

Nessa mesma tela, mais abaixo, tem um resumo dos últimos *posts* com o número de pessoas que foram alcançadas e a quantidade de engajamento. Ainda na parte de baixo da página, é possível adicionar páginas de concorrentes para monitorar métricas de determinada página em relação às páginas que têm um público similar. Essa é uma excelente forma de fazer *benchmarking* (acompanhamento da concorrência) a fim de compreender o que os concorrentes estão fazendo, saber quais tipos de conteúdo utilizam e acompanhar o crescimento da base de fãs e envolvimento nas publicações. Para casos em que há vantagem competitiva, vale a pena ficar de olho nas ações realizadas pela concorrência e, sobretudo, perceber como a página está caminhando, quando comparadas com outras do mesmo ramo.

Voltando ao menu com todos os dados disponíveis, temos:

- **Seguidores**: logo no início da tela, é possível selecionar o período a ser monitorado para ver informações sobre o número de seguidores da página. Também é possível comparar o desempenho ao longo do tempo, arrastando o *mouse* no primeiro gráfico. Nessa mesma página, é possível ver quantas pessoas deixaram seguir, quantos seguidores foram orgânicos e quantos chegaram por meio de anúncios, resultando no número de seguidores líquidos. Rolando mais para baixo, o gráfico mostra onde as pessoas começaram a seguir a página (diretamente na página, anúncios, pesquisa do Facebook, computadores e *laptops* não categorizados e outras fontes) e quantas vezes a página foi seguida através desses detalhamentos. É claro que é importante ter um grande número de seguidores, mas não se pode focalizar apenas nesse número. Lembre-se de que esse indicador sozinho não quer dizer nada, e é preciso usar métricas combinadas para entender a importância dos seguidores. Cabe levantar os seguintes questionamentos: quantidade de seguidores, quantos engajam os conteúdos e, principalmente, quantos têm um relacionamento com a marca através do Facebook. Além disso, é necessário analisar os dias em que a página teve mais desistências de seguidores, a fim de entender qual é o tipo de conteúdo que não agrada aquele público-alvo. Clicando nesses gráficos de informações dos seguidores e arrastando-os, é mostrada a origem do seguidor e das pessoas que deixaram de seguir. Muitas vezes, porém, não foi um usuário que deixou de seguir porque o conteúdo não agradou, mas o Facebook que removeu contas suspeitas, contas desativadas ou contas que se transformaram em memorial, por exemplo. Por isso, não vale a pena comprar engajamento via ferramentas externas: não são seguidores reais, e logo o Facebook exclui essas contas-fantasma; além disso, a página corre o risco de ser bloqueada.

- **Curtidas**: mostra o número total de curtidas, desde que a página foi criada até hoje, sendo possível escolher, ainda, o período a ser analisado. Também indica o número de curtidas orgânicas, curtidas advindas de anúncios e descurtidas que a página recebeu. Além disso, arrastando do início ao fim do gráfico, ou período determinado, ele mostra dados sobre as curtidas desfeitas, como a origem das contas. Os números revelam onde as curtidas ocorreram e o número de vezes que a página foi curtida. Para ter mais seguidores e curtidas na página, pode-se convidar amigos para curtir, além de, claro, ser indispensável criar um conteúdo de qualidade e que tenha a ver com as preferências do público-alvo. Analisar essas métricas também é fundamental, já que, com base nelas, é possível rastrear quais dos esforços para atrair um maior público estão surtindo efeitos, já que o Facebook mostra onde as curtidas aconteceram.

- **Alcance**: essa página mostra quantas pessoas viram qualquer uma das publicações pelo menos uma vez, diferenciando o número de alcance orgânico e alcance pago. Há um gráfico que mostra quantas vezes as pessoas recomendaram a página em publicações ou comentários. Além disso, é possível analisar o engajamento (reações, comentários, compartilhamentos, respostas e envolvimentos em geral). Para tanto, é necessário estar atento aos picos de engajamento e descobrir qual foi o tipo de conteúdo que gerou um melhor resultado. O segredo é não ter medo de testar tudo, pois essa é a característica de um profissional acima da média, já que a maioria foca apenas em produzir conteúdos e não toma decisões baseadas em dados. Um simples movimento pode aumentar o alcance: alterar a chamada para a ação, a imagem do *post*, a legenda etc., enfim, é urgente testar as variáveis. Existem, ainda, mais dois gráficos, um exclusivo para as reações que não são apenas o *like* ("amei", "haha", "uau"), que, para o algoritmo do Facebook, têm muita força, e outro para mostrar quantas pessoas ocultaram seus conteúdos ou o denunciaram como *spam*. O próprio Facebook menciona, nesse gráfico, que essas ações podem fazer com que o número de pessoas alcançadas diminua. Portanto, quanto mais marcações como *spam* ou *ocultar*, menor é o alcance e menos pessoas acessam os conteúdos. Se o alcance estiver baixo, vale atentar para esses indicadores. Por fim, na mesma tela, verifica-se o alcance total, que, embora seja uma estimativa, mostra quantas pessoas viram qualquer conteúdo da página ao longo do período escolhido, tanto de forma orgânica quanto por anúncios pagos. É bem parecido com o primeiro gráfico, mas aqui é possível identificar o alcance total dos conteúdos, considerando ações como marcações e *check-ins*, por exemplo, e não só os alcances oriundos dos *posts*.

- **Visualizações da página**: mostra quantas vezes as pessoas acessaram a página e, destas, quantas viram a página inicial, clicaram em publicações, sobre, fotos ou vídeos. Também é possível analisar quantas pessoas visualizaram esses itens, podendo, inclusive, detalhar por faixa etária, gênero, país, cidade ou dispositivo. Tais indicadores são relevantes para entender mais sobre o público e, assim, tomar decisões mais acertadas.
- **Prévias da página**: mostra quantas vezes a prévia da página foi visualizada e o número de pessoas que a visualizaram, podendo detalhar por idade e gênero.
- **Ações na página**: apresenta todas as ações que os usuários fizeram na página: cliques em como chegar, no site, no número de telefone, no botão de ação etc. É possível detalhar todas essas ações por faixa etária, gênero, país, cidade e dispositivo.
- **Publicações**: os gráficos da seção publicações são extremamente relevantes, pois indicam qual é o tipo de conteúdo que a audiência gosta mais, quais são os dias da semana que os conteúdos alcançam mais pessoas e em quais horários do dia. Além disso, os gráficos mostram dados de cada publicação específica, bem como sua taxa de envolvimento, marcações como *spam* ou apenas o engajamento. Assim, fica muito mais fácil tomar decisões sobre conteúdos.
- **Vídeos**: a partir de determinado período, é possível ver o desempenho dos principais vídeos no Facebook, aqueles que tiveram melhor *performance*. Além de mostrar os minutos de visualização, há um comparativo com o período anterior. Como sabemos, somente são contabilizadas como visualizações de vídeo aquelas que ultrapassam 3 segundos. Também é possível entender quais foram os melhores vídeos com relação aos minutos visualizados e a quantidade de visualizações.

- **Pessoas:** esses gráficos indicam dados sobre os seguidores, as pessoas que foram alcançadas por *posts* e as pessoas que se envolveram com as publicações. É possível ver a porcentagem de homens e mulheres, faixa etária, idioma e localização geográfica de todos esses públicos. É sabido que as publicações não alcançam apenas os seguidores, já que as pessoas podem compartilhar uma publicação e ir formando uma cadeia de pessoas alcançadas. A verdade é que o alcance orgânico é baixo. Quando a página faz uma publicação, não são todas as pessoas que curtem ou seguem essa página que, ao abrir a rede social, veem a postagem. Embora não seja um número oficial, apenas uma pequena amostra, em testes feitos por estrategistas, foi percebido que menos de 5% recebe o conteúdo, e esses seguidores alcançados têm de executar alguma ação para que o algoritmo considere a publicação relevante e mostre para mais pessoas. Tendo em vista o alcance orgânico baixo, é preciso perceber, por meio desses indicadores, se os seguidores estão sendo alcançados pelos conteúdos; caso não estejam, deve-se analisar como melhorar a estratégia de conteúdo. Entretanto, se o conteúdo estiver alcançando pessoas que não são seguidoras da página, elas podem figurar como um novo público a ser explorado.
- **Mensagens:** mostra quantas mensagens foram recebidas, bem como a taxa de bloqueio e a taxa de mensagens denunciadas.
- **Pedidos:** ativo para as páginas que têm catálogo de produtos cadastrado no Facebook. Mostra o número total de pedidos feitos.

Muitas métricas relevantes são disponibilizadas nessa ferramenta nativa do Facebook. Cada indicador analisado serve para uma tomada de decisão que pode fazer diferença diante da estratégia adotada. Nesse momento, você pode estar se perguntando: Diante de tantas informações, como vou saber quais são as melhores métricas para mim? Como posso usar cada um desses indicadores a meu favor para chamar a atenção dos usuários para meus conteúdos? Há outras questões muito comuns entre os estrategistas digitais: Como aumentar meu alcance orgânico? Como atrair mais seguidores? Como fazer com que as pessoas assistam mais aos meus vídeos? Como direciono os usuários do Facebook para meu site? Para encontrar respostas satisfatórias a essas perguntas, é preciso recorrer às métricas. Usar mídias sociais como canal de comunicação vai além de publicar conteúdo criativo. Reiteramos: para uma melhor *performance*, é preciso testar muitas variáveis e ações, além de cuidar para tomar decisões embasadas em dados.

2.5 Métricas no Gerenciador de Anúncios

Para alcançar um público diverso daquele que já curtiu a página no Facebook ou de quem já é um seguidor no perfil comercial no Instagram, é possível fazer anúncios por meio de uma ferramenta nativa chamada *Gerenciador de Anúncios*. Como já vimos, o alcance orgânico do Facebook e do Instagram não é dos maiores: uma pequena amostra da audiência recebe o conteúdo de forma orgânica, afinal, a concorrência pela atenção do usuário está cada vez maior. Caso se queira alcançar um público amplo, pode-se recorrer ao Gerenciador de Anúncios para fazer campanhas patrocinadas, elemento essencial na construção de um bom público.

Nesse gerenciador, também é fundamental o processo de análise de resultados, principalmente porque envolve investimento financeiro. Logo, é preciso tomar decisões que façam com que os anúncios tenham uma melhor *performance*. Não basta analisar curtidas, comentários e compartilhamentos. Há muitas variáveis que revelam o que precisa ser melhorado e como garantir cada vez mais resultado com o famoso Facebook Ads. A maior parte dos profissionais concentra-se em elaborar anúncios no Facebook e no Instagram a fim de conseguir mais seguidores e *likes* nos conteúdos, o que não deixa de ser importante quando uma página acabou de ser criada e ainda não tem uma boa base de público. Contudo, na prática, não faz muita diferença ter várias curtidas em seus *posts* nem vários seguidores, se outros indicadores não mostram bons resultados. Da mesma forma, saber quantas pessoas foram alcançadas pode não significar quase nada, quando essa métrica está isolada das demais. Por outro lado, para saber a taxa de cliques, é preciso ter conhecimento do alcance – quando combinada, essa métrica ganha importância.

Todas as campanhas de anúncios, tanto para o Facebook quanto para o Instagram, são feitas pela ferramenta Gerenciador de Anúncios do Facebook. E todas elas têm um objetivo principal entre os 11 disponibilizados na ferramenta: (1) reconhecimento de marca, (2) alcance, (3) tráfego, (4) envolvimento, (5) instalações do aplicativo, (6) visualizações do vídeo, (7) geração de cadastros, (8) mensagens, (9) conversões, (10) vendas do catálogo e (11) tráfego para o estabelecimento. Por exemplo, caso o objetivo esteja atrelado ao envolvimento a fim de obter mais curtidas para a página, o principal indicador deve ser o crescimento de *likes* nessa página. Se o objetivo é gerar cadastros, o principal indicador deve ser analisar quantos cadastros foram efetuados a partir daquela publicidade. Como a ferramenta disponibiliza um número quase infinito de dados, e é humanamente impossível analisar todos, é preciso recolher somente os números que estão voltados aos objetivos preestabelecidos. Vamos conhecer, a seguir, algumas formas de encontrar dados relevantes no Gerenciador de Anúncios.

Para analisar resultados, o anúncio já deve ter sido criado. Quando se abre a ferramenta, já é possível verificar algumas métricas importantes, além da possibilidade de personalizar as colunas que ficam visíveis na página inicial. Nessa tela, é possível escolher os melhores indicadores-chave de desempenho entre tantos dados disponíveis, que são divididos em: desempenho, envolvimento, conversões, configurações, teste A/B e otimização.

No próprio Gerenciador de Anúncios, pode-se verificar as métricas-padrão, sem customização, quando se quer analisar, por exemplo, só as métricas que têm a ver com envolvimento. O próprio Facebook insere as colunas que serão relevantes para compor colunas específicas.

No Facebook, clicando em "Detalhamento", é possível avaliar o desempenho dos anúncios por:

- **Tempo**: permite avaliar o desempenho do anúncio por dia, por semana, por 2 semanas ou por mês.
- **Veiculação**: permite avaliar o desempenho do anúncio por idade, gênero, idade e gênero, pontos comerciais, país, região, região de DMA (*designated marketing area*), dispositivo de impressão, plataforma, plataforma e dispositivo, posicionamento, posicionamento e dispositivo, número da identificação do produto e hora do dia, tanto pelo fuso horário da conta de anúncios quanto pelo fuso horário do visualizador. É extremamente relevante para entender quais são os melhores dias e horários para a veiculação do anúncio, bem como para compreender mais detalhes sobre o público.
- **Ação**: dispositivo de conversão, tipo de reação à publicação, destino, tipo de visualização de vídeo, áudio do vídeo, cartão de carrossel.

Com essas métricas, é possível saber, por exemplo, qual hora do dia o anúncio alcançou mais pessoas, qual idade e gênero foram mais atingidos, de qual dispositivo os usuários foram alcançados, entre tantas outras possibilidades de segmentação que auxiliam na criação das próximas campanhas.

Além dessas métricas, existem gráficos que reúnem alguns indicadores importantes. Basta clicar em "Visualizar gráficos", logo abaixo do nome da campanha, que aparecem as seguintes informações:

- **Desempenho**: mostra quantas pessoas foram alcançadas, quantos resultados a campanha teve, quanto foi o custo pelo resultado. Clicando em "Personalizado", é possível verificar as ações e impressões por dia.

- **Dados demográficos**: especifica quantas mulheres e quantos homens o anúncio alcançou, quanto custou cada homem e cada mulher, de acordo com alcances ou impressões.
- **Posicionamento**: na hora da criação do anúncio, é preciso decidir se ele aparecerá apenas no Facebook ou também no Instagram. Assim, pode-se analisar os resultados de anúncios em diferentes posicionamentos e, até mesmo, em diferentes dispositivos. A recomendação é de que os anúncios do Facebook sejam diferentes do Instagram, já que pode haver uma diferença de público, de objetivo e, principalmente, de criação (imagem e texto).

O gerenciador de anúncios fornece várias métricas importantes. É indispensável definir os indicadores-chave de desempenho e analisar os dados para conseguir testar novas possibilidades e alcançar melhores resultados com anúncios no Facebook e no Instagram.

Conforme já antecipamos, os anúncios no Instagram são feitos pelo Gerenciador de Anúncios do Facebook, então, a maneira de analisar os resultados é a mesma. Confira a seguir algumas métricas importantes dessa ferramenta:

- **Conversões**: se o anúncio tem como objetivo vender, como são os casos de anúncios com botões de ação como "Comprar agora", o principal indicador a ser analisado é o de conversões. Quantas pessoas, dentre as alcançadas, clicaram no botão para comprar? Entre aquelas que clicaram, quantas realmente efetivaram a compra? Se as pessoas estão sendo alcançadas pelo anúncio, mas não estão visualizando, o anúncio precisa de melhorias. O mesmo ocorre quando clicam para ver, mas não compram. É preferível ter 5 cliques e 5 conversões do que 1.000 cliques e 5 conversões. Aumentar o orçamento também pode melhorar a taxa de conversão. É igualmente importante calcular o retorno sobre o investimento.

- **Custo por resultado (CPR)**: como falamos sobre anúncios que dependem de investimento financeiro, é fundamental saber quanto custou cada resultado, até para poder administrar o valor disponibilizado. Por exemplo, se você teve 1.000 conversões, e seu produto é uma camiseta que custa R$ 30,00, você teve R$ 30.000,00 de ganho em anúncios. Isso parece um excelente resultado. Contudo, se seu custo por resultado foi maior que o valor do produto, seu cliente custou mais caro do que deixar o produto em estoque. O custo por resultado ideal é aquele que é bem mais baixo do que o produto. Lembramos que o resultado se refere ao objetivo preestabelecido na criação da campanha. Para calcular, é preciso dividir o total gasto com campanha pelo número de conversões. Se o CPR estiver alto, nas próximas campanhas será necessário adicionar uma regra para que o Facebook trave seu anúncio, caso esteja tendo um custo alto, e mande um aviso. Por meio das configurações de anúncio, pode-se criar regras como: "Se meu custo por resultado for maior que 10 reais, reduza meu lance em 10% em todos os grupos de anúncios ativos".
- **Pontuação de relevância**: é uma métrica de competição. Apesar disso, alguns anúncios com baixa pontuação de relevância podem ter mais eficiência do que um com alta pontuação de relevância. Isso porque essa taxa mostra se os anúncios foram significativos para o público escolhido, quando comparados aos anúncios de concorrentes, mas não avalia o anúncio como um todo, e isso significa que, na prática, o anúncio pode ter muito mais *performance*, mesmo com uma menor pontuação de relevância, caso seja interessante para seu público-alvo. Essa pontuação é dividida em:
    a. *ranking* de qualidade: mede a qualidade do anúncio em relação a outros que estão competindo pelo mesmo público;
    b. *ranking* de índice de envolvimento: mede envolvimento esperado em comparação com anúncios que competem pela mesma audiência;

c. *Ranking* de taxa de conversão: mostra quanto se pode esperar em relação a anúncios que competem pelo mesmo público – essa pontuação vai de 1 a 10 e analisa quão bem o público se comporta ao ver os anúncios.

- **Frequência**: é uma das principais métricas quando se fala em *performance* e relacionamento com o público. Quando se ativa um anúncio, escolhe-se a frequência, ou seja, quantas vezes alguém vê aquele anúncio. Se ela for alta, as pessoas podem ficar irritadas e acabar denunciando o conteúdo, o que aumenta o custo por resultado, já que impacta diretamente no índice de qualidade. Você, na condição de usuário, já foi impactado várias vezes pelo mesmo anúncio? Isso causou irritação? É o que geralmente acontece. Como sabemos, antes de pensar em gestão, precisamos nos colocar no lugar de usuário para compreender o que pode causar uma péssima experiência ao público. Se você não gosta de ser impactado muitas vezes pelo mesmo anúncio, por que sua audiência gostaria? Além disso, se a pessoa se interessou pelo produto não precisa se deparar com ele 10 vezes por dia. Esse é um dinheiro gasto à toa, pois a cobrança ocorre a cada vez que alguém recebe o conteúdo, e se essa pessoa recebe o anúncio, fica irritada ou não compra, é orçamento desperdiçado – aqui vale a regra de que menos é mais. Para tanto, é necessário analisar o alcance e a taxa de cliques. De 100 pessoas alcançadas pelo anúncio, quantas clicaram nele? Atentar-se a esses aspectos pode ajudar a encontrar a frequência ideal para o público. A verdade é que não existem números prontos ou uma receita de bolo. Para ter *performance*, é preciso testar e medir. Na dúvida, é recomendável escolher um alcance único diário para começar os testes, assim o usuário verá o anúncio apenas uma vez por dia.

- **Taxa de clique ou** *click through rate* **(CTR)**: refere-se à relação entre o número de impressões (vezes em que o anúncio foi exibido) e quantas pessoas clicaram no anúncio. Por exemplo: se você teve 1.000 impressões e 30 cliques, seu CTR foi de 3%. A cada 100 pessoas, 3 clicaram. Essa métrica mostra se o público escolhido é o correto, se o conteúdo é suficientemente atrativo e se a oferta é boa. Se a taxa de cliques foi alta, o anúncio está bom e o público escolhido é o ideal. Caso contrário, as pessoas estão vendo o anúncio e não estão clicando, e, nesse caso, o anúncio precisa de análise e ajustes.
- **Custo por clique (CPC)**: a cobrança ocorre somente quando clicam no anúncio e, por isso, é importante saber quanto está custando cada clique. Para calcular, basta dividir o custo total pelo número de cliques.
- **Geração de** *leads*: para conquistar *leads* (pessoas que se cadastram para receber informações sobre algum produto/serviço) através de anúncios, existem duas opções: (1) um anúncio padrão que, quando o usuário clica no botão de chamada para a ação, é direcionado para uma *landing page*; nessa tela, precisa cadastrar seus dados; (b) um anúncio com o objetivo de gerar cadastros, no qual, em vez de encaminhar para uma *landing page*, o usuário clica e automaticamente abre um formulário, dentro do próprio Facebook, tornando-se um *lead* quando do preenchimento. Testar as duas opções e analisar os resultados é fundamental para aumentar os resultados. Se os usuários estão chegando na *landing page* e não convertem, ela precisa de melhorias. O mesmo acontece com os formulários do Facebook. Para tanto, é preciso elaborar o mínimo possível de perguntas, ou seja, o essencial, como nome, e-mail e telefone – outras informações podem ser coletadas em outro momento. Enquanto o *lead* ainda é "frio", não se indica recolher muitas informações.

- **Visualização de vídeo**: caso o anúncio seja em formato de vídeo, tem de se analisar se o público está assistindo integralmente. Caso as pessoas parem de assistir antes de completar pelo menos 50%, significa que o início do vídeo não é tão atrativo. Nesse caso, é preciso reformular todo o material e tomar cuidado com as vinhetas, que tomam alguns segundos iniciais e não são de conteúdo significativo ao usuário. Embora pareça uma métrica irrelevante saber quantas pessoas visualizaram o vídeo, se esse indicador estiver combinado com outro, pode trazer boas análises. Além disso, é importante averiguar se o conteúdo está agradando ao público, a fim de que a marca construa um relacionamento melhor com a audiência.
- **Tráfego para o site**: muitos profissionais voltam seus esforços para o famoso tráfego pago. É claro que o Facebook e o Instagram são ótimos canais de atração de tráfego para o site, mas é preciso estratégia. As pessoas estão clicando e comprando? Caso contrário, de nada adiantou direcionar o usuário ao site. Assim, vale fazer uma análise minuciosa na página de destino, pois ela precisa ser extremamente atrativa para aumentar a conversão.

Para melhorar o desempenho, mais importante que saber ler os números, é conseguir tomar decisões com base neles. O primeiro contato com anúncios do Facebook e do Instagram pode parecer assustador, com todos esses números, indicadores e taxas. É por isso que muitos profissionais escolhem o caminho mais curto: as famosas métricas de vaidade. Mas você não vai entrar nesse time, não é? Falamos aqui sobre métricas indispensáveis, porém, lembre-se: a métrica está diretamente relacionada ao seu objetivo e à sua meta. Por isso, é preciso olhar todo o conjunto, e não métricas isoladas.

2.6 Métricas no Youtube

Vídeos estão em alta. Isso significa que empresas não podem simplesmente ignorar esse meio de comunicação. Depois que o vídeo foi ao ar, é importante saber se as pessoas estão gostando e, principalmente, o que pode ser feito na sequência a fim de que o próximo vídeo seja ainda melhor. Como já vimos até aqui, não adianta apenas gerar conteúdo. Primeiramente, é preciso elaborar um planejamento, bem como definir os indicadores-chave e as métricas para embasar esse planejamento. Não dá para ter sucesso na web sem saber o que agrada à audiência, e não tem como agradar à audiência sem ler dados e tomar decisões estratégicas. Vamos analisar, agora, as métricas disponíveis para esse tipo de mídia e o que cada uma significa.

A melhor plataforma para vídeos mais longos e produzidos é o famoso YouTube, ferramenta da empresa Google. Nessa rede social, também é possível analisar métricas e transformar dados em informações e conhecimento. Assim como outras redes, pode-se analisar métricas de maneira nativa, pelo chamado *YouTube Analytics*, sem a necessidade de recorrer a ferramentas externas. Os relatórios são atualizados e mostram uma variedade de dados dos vídeos e do canal como um todo.

Já sabemos quão fundamental é conhecer o público para que as ações digitais surtam efeitos. Mas o que significa conhecer o público no YouTube? É identificar, por exemplo, quais são os hábitos da audiência, que horário do dia ela normalmente consome conteúdo na plataforma, de qual dispositivo, quanto tempo de vídeo ela assiste, que tipo de conteúdo a audiência prefere, qual é a faixa etária e o gênero, se a preferência é por vídeos mais longos ou mais curtos, entre tantas outras informações. Esse conhecimento auxilia na concepção de um canal de sucesso nessa rede social. No YouTube Analytics, é possível acessar as seguintes métricas:

- **Visão geral**: a primeira tela mostra uma visão geral sobre o canal, que, de acordo com o Google (2021a), é "um resumo de alto nível do desempenho do seu canal e dos seus vídeos no YouTube", nela consta o número de visualizações, o tempo de exibição em horas e o número de inscritos. É possível analisar resultados de todo o período em que o canal existe ou com filtros de 7, 28, 90, 365 dias ou, até mesmo, de um mês específico através do período personalizado. Também está disponível o relatório padrão, sendo permitido mudar para uma visualização de modo avançado. Ainda na visão geral, são mostrados alguns resultados dos principais vídeos em um período, como a duração média da visualização, o número de visualizações, impressões e taxa de cliques. Caso o canal faça parte do Programa de Parcerias do YouTube, na visão geral estão disponíveis alguns dados de receita. Essas métricas são importantes para análises mais rápidas.

Além da visão geral, que é um panorama para análises imediatas, os dados do YouTube Insights no modo básico são divididos em três partes. Quais sejam:

1. **Alcance**: como o próprio nome sugere, nessa tela está quantificada quantas impressões os vídeos têm, além das taxas de cliques, visualizações e espectadores únicos (pessoas novas que assistiram ao conteúdo no período selecionado), isso tudo com a informação de crescimento, em comparação ao período passado. Se uma pessoa assiste 4 vezes, contabiliza 1 espectador e 4 impressões. Mais abaixo nessa tela, existem as informações de tipos de origem de tráfego, sendo elas: (a) internos: mostram como o usuário chegou até o vídeo dentro do YouTube; (b) externos: mostram de onde a pessoa veio, como ela conseguiu chegar até o canal, se por meio de algum site, do WhatsApp, do Facebook, do Instagram, do Google, de *playlists*, de vídeos sugeridos ou da pesquisa do YouTube – essa métrica é importante para saber quais canais de

comunicação estão atraindo mais o público, e serve, principalmente, para traçar futuras estratégias mais otimizadas, já que, ao conhecer quais canais trazem mais tráfego para os vídeos, é possível elaborar estratégias em conjunto com esses canais a fim de ter resultados ainda melhores; (c) *playlists*: mostra a porcentagem do tráfego que chegou por meio de *playlists*; (d) pesquisas do YouTube: informações altamente relevantes para saber quais termos as pessoas pesquisaram no YouTube para encontrar os vídeos e se esses termos estão sendo utilizados na estratégia de conteúdo – esse conhecimento é um ótimo aliado para entender o comportamento do usuário e, sobretudo, para usar os termos mais buscados nos próximos vídeos; (e) vídeos sugeridos: mostra se os vídeos tiveram tráfego vindo de vídeos sugeridos. Para melhorar essas métricas, recomendamos consumir o conteúdo de *search engine optimization* (SEO) no YouTube. Portanto, essas métricas são sobre impressões e como elas influenciam o tempo de exibição. Não é porque o vídeo apareceu no *feed* para o usuário que ele realmente assistiu. Por isso, é imprescindível mensurar o número de impressões, a taxa de cliques, a visualização de impressões, a duração média da visualização e o tempo de exibição de impressões. O gráfico mostra a porcentagem das impressões que chegaram por buscas feitas pelos usuários, por recomendações na página inicial e por recomendações na página inicial de exibição. Para que o vídeo seja sugerido pelo YouTube, pode-se implementar técnicas de SEO nessa rede social e, segundo o próprio YouTube, "aumentar a taxa de cliques e o tempo de exibição do seu vídeo" (YouTube Creator Academy, 2021). Portanto, o sucesso no YouTube depende de um conteúdo relevante e que agrade ao público. Nenhuma pequena ação vai dar resultado se o foco não for em um bom conteúdo.

2. **Envolvimento**: apresenta o tempo de exibição, em horas, e a duração média da sessão, ou seja, quanto tempo em média os usuários estão assistindo ao conteúdo, bem como uma comparação com o período passado. Também é possível saber quais foram os vídeos mais acessados de acordo com o tempo de exibição, bem como os vídeos mais acessados por tela final, que são aqueles com telas finais mais clicados pelos espectadores. Na mesma tela, ainda é possível verificar as principais *playlists*, *cards* e elementos da tela final. Para quem gera conteúdo no YouTube, as métricas de envolvimento estão entre as mais importantes, pois o comportamento do público com relação ao vídeos é que determina o planejamento de novos conteúdos interessantes.

3. **Público**: aqui estão as métricas mais valiosas para o plano de marketing. É possível verificar quantos espectadores únicos o canal teve no período, a média de visualizações por espectador e o número de inscritos. Além disso, é possível saber se as pessoas que assistem aos vídeos são inscritas ou não no canal, o que oportuniza o fortalecimento dessa chamada para a ação. Também é viável aferir quantas pessoas se inscreveram e marcaram a opção de receber todas as notificações sobre o canal, o que mostra que o conteúdo é altamente relevante ao público. Ainda, pode-se obter dados demográficos, como: principais países, idiomas de legendas, gênero, idade e o horário em que os espectadores estão mais ativos no YouTube, facilitando o planejamento de lançamento dos próximos vídeos. É preciso tomar cuidado com muitas chamadas para a ação em um único momento, como o famoso:

"Se inscreva no canal, clique no sininho, deixe um comentário, envie este vídeo para um amigo, siga-nos também no Instagram...", figurando como um excesso de informação. Recomendamos centralizar em uma única chamada para a ação, para que ela cumpra com seu objetivo principal: fazer com que o usuário execute essa ação de maneira quase que imediata. Quando há muitas opções, o usuário pode ficar perdido e acabar somente assistindo ao vídeo.

No modo avançado, diversas outras métricas podem ser estudadas por meio das categorias: vídeo, origem do tráfego, país, idade e gênero do espectador, data, *status* da inscrição, origem da inscrição, *playlist*, tipo de dispositivo, produto do YouTube, formato da publicação, local da publicação, sistema operacional, legendas, idiomas das informações do vídeo, uso da tradução, tipo de elemento da tela final, elemento da tela final, tipo de *card*, *card* e serviço de compartilhamento. Métricas não faltam! O modo avançado mostra até mesmo quantos inscritos chegaram através de um vídeo específico, por exemplo. São muitos indicadores, mas os gráficos são bem intuitivos.

Vale ressaltar que é praticamente impossível utilizar todas as métricas. Ao acessar o YouTube Analytics, cabe verificar quais métricas estão disponíveis e atendem à estratégia. Estas devem tornar-se indicadores-chave de desempenho. Isto é fato: quem é criador de conteúdo no YouTube não pode deixar de ser um amigo íntimo do Analytics da plataforma. Quanto mais contato com esses indicadores e mais testes de resultados forem realizados, o profissional estará mais confortável para planejar novas ações e obter melhores resultados.

Mãos à obra

Acesse o canal do YouTube de alguma empresa que goste. Perceba como é seu comportamento como usuário. É preciso não só analisar métricas, mas tomar decisões. Quais ações você acha que essa marca poderia tomar para melhorar sua experiência como usuário? Agora, acesse o seu canal ou o de sua empresa e faça o mesmo exercício: imagine um indicador-chave de desempenho importante e pense em soluções para esse problema. Começar a ter esse senso de análise é fundamental para entender que métricas não são números soltos, elas precisam fazer com que o profissional tenha uma decisão estratégica tomando esse dado como base.

• •

Analisar métricas vai muito além do que imaginamos, não é mesmo? O processo é simples: já que os números chegam prontos, basta ter visão analítica para tomar decisões de melhorias e, assim, aprimorar o desempenho geral da marca na internet. Mas é um trabalho cheio de detalhes e que depende de estratégias bem definidas, de metas traçadas e, principalmente, de testes. Existem muitas métricas, por isso é preciso traçar um objetivo e definir quais serão os principais indicadores-chave de desempenho a serem analisados. Métricas podem ser apenas números soltos que não dizem nada se não forem escolhidos e analisados com critério.

As redes sociais são muito utilizadas, e aparenta ser fácil criar uma conta empresarial e começar a gerar conteúdo, afinal a impressão é de que basta ser criativo. O marketing, contudo, é muito mais do que isso, e o desempenho está relacionado com números. Não tem como fornecer uma experiência proveitosa para os seguidores sem analisar o comportamento ao longo do tempo e os fatores que são importantes para o sucesso na web. Uma empresa que não analisa métricas está perdendo oportunidades por ignorar essa etapa do processo.

Sabemos que uma empresa pode estar em um ambiente digital em diferentes canais. Mas será que é possível administrar tudo isso com qualidade? Analisar métricas é processo fundamental para qualquer empresa que quer estar à frente e propiciar uma boa experiência à audiência.

2.7
Métricas no LinkedIn

O LinkedIn é a maior rede social profissional do mundo, com mais de 630 milhões de usuários, mais de 30 milhões de empresas representadas, mais de 20 milhões de vagas abertas no LinkedIn Empregos, mais de 90 mil escolas e mais de 50 mil habilidades profissionais listadas. São mais de 3 inscrições por segundo na rede social, em mais de 200 países e territórios. Sua missão é simples: conectar profissionais do mundo todo, tornando-os mais produtivos e bem-sucedidos. A rede social serve para fazer contatos profissionais, gerar conteúdo relevante, visualizar vagas de emprego e, principalmente, para ser uma ferramenta estratégica de marketing pessoal. Segundo dados, nos últimos cinco anos, as postagens de emprego cresceram de 300 mil para mais de 20 milhões. Quem usa o LinkedIn entende o motivo de a rede social ser a melhor e maior plataforma social profissional do mundo.

Essa rede social também pode e deve ser usada pelas empresas, através de uma *company page*. Há duas possibilidades: o uso de um perfil pessoal, para compartilhar conteúdos sobre seu cotidiano profissional, e o uso de uma *company page*, para compartilhar conteúdos exclusivamente institucionais, divulgar vagas de emprego, materiais e conteúdos relevantes. As pessoas que seguem as páginas podem curtir, comentar e compartilhar os conteúdos. A *company page* é uma excelente opção para as empresas, pois, no LinkedIn, o *feed* de notícias é menos concorrido, já que a rede social é voltada exclusivamente para negócios, não havendo discussões irrelevantes ou fotos particulares, de amigos ou de animais, como ocorre nas outras redes. Além disso, apenas 1% dos usuários ativos do LinkedIn geram conteúdo. Isso significa que as postagens nessa rede social podem durar meses, visto que a concorrência é baixa. Caso a empresa tenha um site ativo, o LinkedIn também pode ajudar, uma vez que conduz mais de 50% do tráfego para sites e é considerado a fonte de conteúdo mais confiável.

As métricas de *company pages* são as que mais importam, mas chamamos a atenção para uma métrica de perfil pessoal: O que as pessoas pesquisaram para chegar até determinado perfil? Uma ação muito simples é inserir o cargo exercido junto com o nome de usuário, a fim de que as pessoas consigam encontrar esse perfil caso procurem por alguém que desempenhe aquela função. Exemplo: Maria Carolina Avis – Professora de Marketing Digital (esse é meu nome nessa rede social). Quem pesquisar pelo meu nome, conseguirá me encontrar. Quem pesquisar um professor de marketing digital, também me encontrará. Com essa otimização, meu perfil passou a aparecer 760% mais todas as semanas durante dado período.

Mãos à obra

Para saber o que as pessoas pesquisaram para encontrar você, acesse seu perfil (pelo computador), clique em "Ocorrências em resultados de pesquisa" e, no final da página, verifique quais palavras-chave foram utilizadas por quem pesquisou você. Avalie ali os termos que podem ser mais explorados em seu perfil. Alterar a URL de seu perfil também pode ajudar as pessoas a encontra sua página, além de tornar a divulgação mais amigável. Por padrão, a URL é cheia de códigos e difícil até mesmo memorizar. Altere e tenha uma URL personalizada, como: linkedin.com/in/professora-marketing-digital.

● ●

Para as *company pages*, assim que o administrador entra na página, já tem acesso a uma visão geral das métricas mais importantes dos últimos 30 dias. Também estão disponíveis para a análise métricas completas. Elas são divididas entre visitantes, atualizações e seguidores.

- **Visitantes:** logo no início, mostra o número de visualizações de página, visitantes únicos e cliques no botão personalizado. Além do número, o LinkedIn informa a porcentagem de crescimento ou a queda desses três indicadores. É importante ter um crescimento constante no número de visitantes, cliques e visualizações de página, portanto, se a empresa tem um crescimento de, por exemplo, 20% todo mês, é preciso cuidar para não ter quedas nesse número. Caso alguma métrica mostre uma queda no desempenho, faz-se necessário empregar soluções práticas com vistas a um crescimento constante. Basicamente, é o conteúdo de qualidade que regula a *performance*. Ainda sobre visitantes, pode-se escolher o período a ser analisado, a página (página inicial, sobre, estatísticas, pessoas ou todas as páginas) e a métrica (visualizações da página ou visitantes únicos). Forma-se um gráfico que mostra o resultado dessas variáveis e se o tráfego vem de dispositivos móveis ou computadores. Na mesma página, é possível saber mais sobre os visitantes através dos dados demográficos, sendo permitido filtrar por um período específico e de acordo com a função, a localidade, a experiência, o setor e o tamanho da empresa. O gráfico mostra não só o número de visitantes com esse cargo, dessa localização ou de outra variável, mas também a porcentagem de visitantes com esse perfil. É fundamental acompanhar para saber se está conseguindo atrair o público correto com os conteúdos publicados na página.

- **Atualizações**: indica o número total de pessoas que reagiram, comentaram ou compartilharam o conteúdo, bem como uma porcentagem referente ao crescimento ou à queda desses indicadores. Ainda, é possível analisar impressões, impressões únicas, cliques, reações, comentários, compartilhamentos e taxa de engajamento. A análise do tipo de engajamento permite compreender qual é o conteúdo que mais agrada ao público. O mesmo gráfico mostra a comparação entre conteúdos orgânicos, patrocinados e os dois juntos. Na mesma tela, são mostradas as métricas de impressões, visualizações de vídeo, total de cliques, taxa de cliques, reações, comentários, compartilhamentos, seguidores conquistados a partir de um *post* específico e taxa de engajamento. Sem dúvida, esses gráficos são fundamentais para que a estratégia de conteúdo no LinkedIn seja assertiva.
- **Seguidores**: corresponde ao crescimento no número de seguidores da página, tendo em vista a análise de conquistas orgânicas e pagas. É possível analisar dados demográficos dos seguidores filtrando por localidade, função, nível de experiência, setor ou tamanho da empresa. Além disso, está disponível a informação de como os seguidores se comportam com relação aos seguidores de empresas semelhantes, permitindo analisar total de seguidores, número de novos seguidores em determinado período, número de atualizações e taxa de engajamento.

Métricas precisam ser analisadas com frequência e decisões precisam ser tomadas com base nesses dados, como já reiteramos várias vezes. Desse modo, a página tem condições de manter um crescimento constante, com conteúdos relevantes ao público a que se destina.

Síntese

Após conhecer um pouco mais sobre o universo das métricas e dos indicadores-chave de desempenho, neste capítulo, demonstramos, de forma mais prática, como aplicar esse conhecimento em mídias sociais. Essas ferramentas são utilizadas para promover conexão e relacionamento entre marca e consumidores, portanto, é preciso estratégia para manuseá-las. Destacamos também que as métricas nas redes sociais são fornecidas pelas próprias redes, o que torna mais fácil o processo. Geralmente, os profissionais deixam de lado a análise de métricas, tanto no início quanto no fim do planejamento, e acabam perdendo bons resultados. Portanto, mesmo que uma empresa use apenas a mais simples das redes sociais, é indispensável conhecer as principais métricas e conseguir utilizá-las a fim de melhorar a *performance*.

Questões para revisão

1. Conhecer as métricas do Instagram é indispensável para um melhor resultado. Sobre o tema, assinale a alternativa correta:
    a. Alcance significa quantas vezes o conteúdo foi visto.
    b. Alcance e impressões significam a mesma coisa.
    c. Impressões correspondem a quantas vezes o conteúdo foi visto; alcance a quantas pessoas viram.
    d. Mesmo que o vídeo tenha sido visto por apenas um segundo, ele já é contabilizado como uma visualização.
2. Analise as assertivas a seguir e indique V para as verdadeiras e F para as falsas.
    ( ) Apesar de o Facebook ter outros aplicativos (Instagram e WhatsApp), o Facebook Audience Insights fornece informações apenas do Facebook.
    ( ) As métricas de seguidores e de visita não significam nada sozinhas.

[ ] Para analisar métricas em redes sociais, é preciso usar ferramentas externas.
[ ] As métricas mais importantes do gerenciador de anúncios são as de custo, que são comuns a todos os negócios.

Agora, assinale a alternativa que apresenta a sequência correta:

a. V, V, V, V.
b. V, V, F, V.
c. F, F, V, V.
d. V, F, V, F.

3. Com relação ao LinkedIn, assinale a alternativa correta:
   a. Apenas *company pages* têm métricas no LinkedIn.
   b. O LinkedIn é utilizado apenas por quem busca emprego ou divulga vagas.
   c. É a maior rede social profissional do mundo, utilizada para fins de *networking*.
   d. Para utilizar essa rede social, basta planejar conteúdos e compartilhar na rede.

4. Se uma empresa usa apenas o WhatsApp Business, ela consegue traçar estratégias de marketing digital baseadas em dados? Como?

5. Uma empresa que tem como objetivo aumentar a visualização de *lives* no Instagram precisa atentar-se principalmente a quais indicadores?

Questões para reflexão

1. Uma empresa consegue ter sucesso utilizando mídias sociais sem planejamento?

2. Qual é a relação entre a importância da análise de métricas em mídias sociais e o contexto de empresas que consideram apenas métricas de vaidade.

03 Métricas em ferramentas Google e em sites

Conteúdos do capítulo:
- Google Meu Negócio.
- Google Trends.
- Google Search Console.
- Google Ads.
- Google Analytics.
- Métricas de palavras-chave.

Após o estudo deste capítulo, você será capaz de:
1. apontar as principais métricas de ferramentas Google e em sites;
2. planejar ações em sites usando ferramentas;
3. traçar planos de marketing para sites e redes sociais relacionados, de forma estratégica;
4. manipular ferramentas gratuitas indispensáveis para o sucesso de um site;
5. medir resultados em sites.

Os negócios devem estar onde o público está. Atualmente, uma excelente forma de se conectar com o público é utilizando meios digitais. O problema é que nem sempre tudo que se faz é mensurado, nem todos os dados são analisados. As empresas nem sempre têm um site, e, quando têm, falta uma estratégia bem definida que não contemple apenas sucesso a curto prazo, como analisar o aumento de visitas no site. Mas é justamente na internet onde encontramos as melhores soluções para esses problemas. Assim como as empresas contratam serviços de mídia para fazer a publicidade, também o Google pode servir para isso, por meio de ferramentas de publicidade como o Google Ads. E já que estamos falando de métricas, essa ferramenta Google apresenta números importantes, que podem nortear todo o planejamento de publicidade digital de uma empresa, bem como trazer mais resultados.

Por sua vez, o Google Analytics também auxilia muito nesse sentido, afinal um site coleta muitas informações de navegação, e o Analytics concentra esses dados de maneira organizada e funcional. Os números estão prontos para ser acessados, lidos, analisados e servir de base para a tomada de decisão.

Além dessas, existem outras ferramentas Google que são essenciais para que um negócio tenha sucesso no marketing digital baseado em dados, como é o caso do Google Trends, Google Meu Negócio e Google Search Console.

3.1
Google Meu Negócio

Imagine a seguinte situação: um amigo convida você para ir a um restaurante chamado *Restaurante Comidíssima*, mas você não sabe onde é o endereço e nunca ouviu falar nesse lugar. No dia combinado, você resolve pesquisar o nome do restaurante no Google para ver mais fotos e avaliações e não encontra, mas decide ir ao restaurante mesmo sem mais informações e coloca o endereço no GPS (em inglês, *Global Positioning*

System; em português, "sistema de posicionamento global") para, enfim, encontrar seu amigo. Porém, não encontra o restaurante nem mesmo nos serviços de GPS. O que você pensaria? Existe uma máxima que diz: "Se não está no Google, não existe", frase que se tornou título do primeiro livro da autora que vos escreve neste momento: *SEO de verdade: se não está no Google, não existe*. E é exatamente assim como os usuários se comportam, ou seja, como nós nos comportamos. Se procuramos algo no maior buscador do mundo e não encontramos, logo inferimos que aquele local não existe. Portanto, é preciso verificar se os clientes ou potenciais clientes estão encontrando a empresa no Google. Uma forma simples de "aparecer" no Google é cadastrando a empresa na ferramenta nativa Google Meu Negócio, ou, em inglês, Google Business. É essencial que a empresa esteja cadastrada nessa ferramenta, já que, considerando-se a experiência do usuário, seria impossível imaginar uma pessoa tendo uma boa experiência se não encontra a empresa que procura ou se, quando encontra, os dados estão desatualizados. Primeiramente, o foco é em pessoas, depois nas ferramentas.

Caso a empresa já seja cadastrada, é necessário verificar se algum responsável faz a leitura dos dados de métricas com alguma frequência. Como vimos até aqui, a presença *on-line* tem de estar aliada à estratégia, e analisar resultados é o ponto de partida para implementar qualquer estratégia. Infelizmente poucas empresas usam os inúmeros recursos disponíveis no Google Meu Negócio.

Cadastrar a empresa no Google Meu Negócio faz com que os clientes não precisem digitar o endereço nos GPS, mas apenas digitem o nome da empresa e já consigam traçar a rota. Também serve para que os clientes possam mandar avaliações e ver dados da empresa como fotos, vídeos, número do telefone, endereço, horário de funcionamento, descrição, entre outros. Essa é uma ferramenta essencial para qualquer negócio *on-line*. As métricas também podem ser averiguadas pela própria ferramenta. A tela de métricas mostra:

- **Como os clientes pesquisam as empresas**: é possível filtrar os resultados por uma semana, um mês ou um trimestre. Essas informações mostram quantas pessoas encontraram a empresa por: (a) pesquisa direta: quando pesquisam diretamente o nome ou o endereço da empresa; (b) descoberta: quando pesquisam por um produto, um serviço ou uma categoria; e (c) marca: quando pesquisam por alguma marca que a empresa comercialize. Essas métricas são muito importantes para entender se os clientes estão encontrando o negócio por pesquisarem sobre a empresa, a marca ou o ramo de atuação. Por exemplo: alguém que pesquisa por "Maria Carolina Avis" já sabe meu nome e quer me encontrar. Mas quem pesquisa por "professora de marketing digital" quer encontrar qualquer professor de marketing digital, não necessariamente eu. Isso também acontece com as empresas, motivo pelo qual é preciso entender a intenção do usuário para que as estratégias fortaleçam a marca. Se a intenção de uma empresa é ser encontrada quando pesquisam pelo seu ramo de atuação, ela precisa fortalecer suas estratégias de SEO (*search engine optimization*) para angariar uma melhor posição no *ranking* de resultados.

- **Consultas usadas para encontrar empresas**: é possível analisar resultados de uma semana, um mês e um trimestre. Esses resultados mostram o que as pessoas pesquisaram para encontrar determinada empresa. Essa métrica é extremamente importante, pois revela os termos a serem explorados pela empresa. Por exemplo: uma empresa de móveis planejados usa apenas esta expressão: "móveis planejados", mas percebeu que algumas pessoas pesquisaram por "ambientes planejados"; com esse conhecimento, ela pode explorar mais esses termos. Além disso, é importante saber que alguns usuários podem pesquisar, por exemplo, "melhor loja de móveis planejados" ou, até mesmo, o nome da empresa concorrente e encontrar outra empresa como resultado.

- **Onde os clientes veem as empresas no Google**: é possível filtrar os resultados por uma semana, um mês ou um trimestre. Aqui, é possível descobrir se as pessoas pesquisaram pela empresa na busca do Google ou no Google Maps, e quantas buscas foram feitas em cada plataforma. Cabe apontar que a intenção do usuário pode ser diferente nos dois canais: geralmente, quando a busca é feita no Google, o usuário quer saber mais sobre a empresa, então, diversos fatores de conteúdo podem ser usados. Por sua vez, as buscas no Google Maps ou em outro serviço de GPS demonstram que a pessoa já sabe sobre a empresa, ou seja, ela simplesmente quer chegar até seu espaço físico. Trata-se de um público mais quente, isto é, mais preparado para a compra.
- **Ações de clientes**: os números apresentam quantas ações foram feitas no período escolhido e quais foram essas ações: pessoas que acessaram o site, solicitaram rotas ou ligaram para a empresa. Essa medição é realizada pelo número de pessoas que fazem a busca no Google e clicam no site, no ícone para a rota ou no *link* para fazer ligação. Aquelas ligações ou solicitações de rotas que estão fora do Google Meu Negócio não são contabilizadas, bem como outros acessos ao site. Como, inicialmente, tem-se um objetivo claro traçado, é preciso analisar as ações que foram realizadas e perceber se os esforços de marketing têm surtido efeitos positivos ou se são necessários ajustes.
- **Solicitações de rotas**: é umas das principais métricas, pois mostra de qual bairro são as pessoas que solicitaram rotas para irem até a empresa. Muito importante para saber onde a marca está presente. Essa métrica pode ajudar no momento de planejar a publicidade digital da empresa por bairros específicos.
- **Chamadas telefônicas**: essa métrica exibe quantas pessoas fizeram ligações para a empresa e, até mesmo, a data e o horário do dia em que a ligação ocorreu. Quando uma empresa cria o cadastro do

Google Business, logo percebe que o fluxo de ligações aumenta, já que as informações estão disponíveis aos usuários que fazem buscas no Google. Com a análise dos resultados, pode-se perceber quais as tendências de dias e horários que os usuários mais ligam, prestando atenção se alguns clientes chegaram até a empresa em razão da ligação efetuada. Para tanto, é necessário inserir, nessa ferramenta, o melhor número de telefone, mantendo-o sempre atualizado.

- **Horários de maior movimento**: estão disponíveis resultados de todos os dias da semana, baseados na visita dos clientes à empresa nas últimas semanas. Também mostra quanto tempo dura, em média, as visitas presenciais. Isso é medido por meio de geolocalização.
- **Visualização de fotos**: o cadastro da empresa permite o envio de fotos e vídeos pelo proprietário e pelos clientes. Nesse gráfico, é possível verificar quantas fotos de determinada empresa foram vistas em comparação com as fotos de concorrentes. É claro que é muito importante que os usuários vejam mais fotos da empresa de interesse. Nesse sentido, uma ação simples pode ajudar, basta verificar quais termos são os mais buscados e, antes de enviar as imagens e os vídeos para o Google Business, renomear o arquivo. Exemplo: "professora-marketing-digital.jpg", "maria-carolina-avis.jpg". Assim, quem pesquisar através do Google Imagens também vai encontrar fotos com mais facilidade.
- **Quantidade de fotos**: mostra quantas fotos de determinada empresa e de empresas concorrentes são exibidas. É possível averiguar quantas fotos foram enviadas pelo proprietário e pelos clientes. Para melhorar esses indicadores, basta enviar fotos da empresa com mais frequência e pedir para que os clientes também enviem.

Os dados do Google Meu Negócio são muito importantes para que a tomada de decisão seja embasada em uma estratégia. Por exemplo: se determinada empresa tem mais fotos enviadas do que seu concorrente, é um ponto positivo. Se tiver menos, precisa selecionar fotos e enviar também à ferramenta. Se os usuários estão encontrando essa empresa por determinado termo, é preciso fortalecer sua comunicação. Se pessoas de outro bairro solicitam rotas para chegar a essa empresa, isso pode significar uma boa oportunidade de atuar também naquele local. A análise é completa, e as estratégias de melhoria são inúmeras. Por isso, é preciso começar a usar, medir os resultados e obter sucesso no maior buscador do mundo.

3.2
Google Trends

Imagina uma ferramenta com métricas de tendências, que mostre o que o mundo está pesquisando, que tipo de informação o público está consumindo, quais são os principais assuntos no mundo ou por região e, ainda, tudo isso sendo oferecido gratuitamente. Essa ferramenta existe: o Google Trends ("tendências", em português). Como todas as outras métricas, as do Trends servem para mostrar como usar essas tendências a favor de uma empresa.

No Google Trends, encontramos sugestões da própria ferramenta de quais buscas podemos efetuar, incluindo comparações, como "biscoito ou bolacha", ou seja, é possível inserir o nome de uma empresa e o nome de seu concorrente e verificar quais das duas apresentam melhor desempenho com relação às buscas no Google e como o assunto tem sido falado na internet. O Google Trends mostra as notícias e as estatísticas recentes que, geralmente, estão relacionadas a algum tema muito explorado no mundo todo.

Curiosidade

Em razão da pandemia causada pelo novo coronavírus, o Trends criou, nesse tópico, uma página especial para mostrar as tendências de buscas, assuntos sendo falados e, até mesmo, quais regiões do mundo mais pesquisam sobre o tema, com o propósito também de combater a desinformação.

Na primeira página, estão as pesquisas em alta e, por último, as principais pesquisas de cada ano. Todos os anos, o Google faz um vídeo expondo os principais assuntos falados e buscados no decorrer do ano e disponibiliza no Google Trends. Em 2019, por exemplo, a principal busca no Google foi por "Copa América", e na categoria por quê foi "por que o WhatsApp parou de funcionar hoje?". É importante estar por dentro dos acontecimentos do mundo todo, pois essas métricas podem ajudar na produção de conteúdo da marca. Por exemplo, se uma empresa tem relação com negócios na internet, é possível gerar conteúdo pensando nas dúvidas que as pessoas mais tiveram no ano passado, e todas as vezes que alguma ferramenta parar de funcionar, por exemplo, pode-se escrever sobre o tema para tirar a dúvida dos internautas.

Quando uma palavra é pesquisada, a ferramenta mostra um gráfico que permite comparar um termo com outro e filtrar a busca por todo o mundo, país ou estado, por período (últimos 12 meses, na última hora, últimas 4 horas, ontem, últimos 7 dias, últimos 30 dias, últimos 90 dias, últimos 5 anos, de 2004 até o presente ou por um período personalizado). Também é possível filtrar pela categoria e pelo local da pesquisa (no Google, pesquisa de imagem, pesquisa de notícias, pesquisa do Google Shopping ou pesquisa no YouTube). Através das métricas, o Trends propicia ideias de conteúdos, pois mostra as tendências na internet. Serve para qualquer empresa que esteja na internet e para produtores de conteúdo, já que é possível ver informações especificamente sobre o YouTube, por exemplo.

No gráfico gerado, o eixo horizontal corresponde ao tempo, e o vertical, ao volume de buscas. Na mesma tela, é possível analisar o interesse por sub-região ou por cidade. Também mostra os assuntos relacionados, tanto os principais assuntos quanto os que estão em ascensão. Ao lado, no fim da página, o Trends apresenta as consultas relacionadas, sendo possível escolher as principais ou, igualmente, as que estão em ascensão. Esses dados podem servir como métricas importantes para embasar a produção de conteúdo da marca. Por exemplo: consultando a expressão *marketing digital*, a frase "mude sua rotina com marketing digital" teve um aumento repentino. Ao mesmo tempo, a expressão *curso marketing digital* é o que aparece como principal, como consulta relacionada. Isso significa que, se a empresa trabalha com marketing digital e oferece cursos, a internet é uma excelente oportunidade, já que é por meio de dados que as pessoas tendem a falar a respeito desse assunto e buscar sobre isso no Google. Ainda, pode-se visualizar quais estados e cidades fizeram mais buscas e falaram mais sobre o assunto pesquisado, o que pode representar uma excelente oportunidade de análise.

Com todas as buscas feitas em todos esses canais, o Google coleta os dados, categoriza-os, conecta-os a um tópico e remove informações pessoais. Quando um termo é pesquisado por poucas pessoas, os dados são excluídos, bem como quando um termo é buscado pela mesma pessoa em um curto período. Por isso pode ser que, ao pesquisar um termo, ele não consiga fornecer informações.

No menu à esquerda, em "Principais pesquisas", o Trends mostra as tendências de pesquisas diárias e em tempo real (nas últimas 24 horas), também com a possibilidade de filtrar por país.

Em "Inscrições", é possível criar uma inscrição para receber uma notificação por e-mail sobre todos os assuntos relevantes ou as principais pesquisas, com a frequência desejada.

Por fim, saiba que o Google Trends também é para você. Todos nós precisamos, o tempo todo, estar atentos ao que acontece no mundo e em nossa região, bem como saber o que as pessoas tendem a buscar, a falar, quais termos têm um aumento repentino na internet. A web é colaborativa. Todos nós colaboramos para que os dados da internet sejam relevantes. Por isso, temos de explorar ferramentas gratuitas como o Trends e perceber como nossa visão pode tornar-se mais analítica, além de nos deixar mais atualizados.

3.3
Google Search Console

O Google tem ótimas ferramentas, não podemos negar. E o melhor de tudo é que muitas delas são gratuitas e fornecem informações extremamente relevantes, como é o caso do Search Console. É um serviço que ajuda o administrador de um site a monitorar e resolver problemas relacionados à pesquisa Google. Funciona assim: quando se cria um site, o Google começa a indexar as informações dele, mas, para isso, todas as páginas desses site precisam estar funcionando normalmente. Se, no site, há uma página específica que fala sobre, por exemplo, botox facial, e o Google encontra qualquer dificuldade para indexar os conteúdos dessa página, quando um usuário buscar por esse termo, não vai conseguir encontrar esse site. Isso pode significar uma alta queda de desempenho para esse site. A ferramenta também serve para garantir que as informações atualizadas sejam indexadas, ou seja, se o site passar por uma atualização ou postar uma publicação nova, o Google tem de considerar esse conteúdo quando um usuário fizer a busca por algum termo relacionado a ele. O Search Console oferece ferramentas e relatórios para as seguintes ações:

- Confirmar se o Google pode encontrar e rastrear o site.
- Corrigir problemas de indexação e solicitar a reindexação de conteúdo novo ou atualizado.

- Visualizar os dados de tráfego da Pesquisa Google para o site: com que frequência esse site aparece na Pesquisa Google, quais consultas de pesquisa mostram esse site, com que frequência os usuários clicam nessas consultas e muito mais.
- Receber alertas quando o Google encontrar indexação, *spam* ou outros problemas no site.
- Mostrar quais sites têm *links* para esse site.
- Resolver problemas para AMP (*Accelerated Mobile Pages*), usabilidade em dispositivos móveis e outros recursos da pesquisa.

Ainda, de acordo com o próprio Google (2021d), a ferramenta pode ser usada por "qualquer pessoa com um site. Do usuário com conhecimentos básicos ao especialista, do novato ao profissional, o Search Console pode ajudar a todos". Quem é empresário pode usar o Search Console para conhecer suas funcionalidades e entender as possibilidades que a ferramenta fornece para que seu site tenha um melhor desempenho na pesquisa Google. Os profissionais de marketing digital que estudam SEO (*search engine optimization*, que é a otimização dos mecanismos de busca, uma estratégia que visa otimizar um site para que ele tenha uma boa posição no ranking orgânico do Google) podem usar o Search Console para monitorar as ações do site, a fim de que o gestor tome decisões baseadas em dados reais. Quem é um administrador de site pode usar a ferramenta para compreender o funcionamento do site e garantir que ele esteja operando e fornecendo uma boa experiência ao usuário. Para quem exerce a função de programador, o Search Console ajuda a monitorar e resolver os problemas de segurança, erros nos dados ou em alguma página.

Portanto, quem tem um site, necessita do Google Search Console e vai precisar da ajuda de um programador/desenvolvedor para configurá-lo. A primeira configuração do site na ferramenta pode fazer com que o Google indexe seus conteúdos mais rapidamente. É como dizer: "Google, meu site está pronto para ser visto, pode mostrar nos resultados de busca". Depois do site integrado à ferramenta, é só navegar pelos menus à esquerda, onde as telas reúnem as métricas apresentadas a seguir.

- **Visão geral**: a primeira tela mostra uma visão geral das métricas do site. O primeiro gráfico apresenta o desempenho do site, com o número de cliques da pesquisa. Em alguns dias, o site terá recebido mais cliques que em outros. Essa informação auxilia muito no processo de tomada de decisão para elaborar o planejamento: nos dias de mais cliques, provavelmente o conteúdo agradou mais ou tratava de um assunto muito buscado. Na mesma tela, mais abaixo, está o gráfico de cobertura, que mostra se o site tem alguma página com erro, e qual foi o dia em que o erro ocorreu. É importante manter o site sem página de erro, mas, caso haja algum, o programador saberá resolver. No final da página de visão geral, o gráfico exibe algumas sugestões de melhorias, para o caso de alguma página apresentar erro. As sugestões são: facilidade de uso em dispositivos móveis, caixa de pesquisa de *sitelinks* e velocidade. Todas essas melhorias sugeridas são fundamentais para que o site tenha uma boa posição no *ranking* orgânico de resultados de buscas do Google. Por exemplo: os sites que não são funcionais em dispositivos móveis ou não são responsivos (que não se adaptam em multitelas) podem ser penalizados pelo buscador e ter seu resultado "escondido" fora da primeira página, afinal, se um site não se adapta em telas móveis de *smartphones* e *tablets*, por exemplo, ele não pode ser relevante ao usuário, e as primeiras colocações no Google são sempre os sites mais relevantes. A visão geral serve para uma análise mais rápida, mas existem os gráficos específicos, que proporcionam uma visão mais detalhada.
- **Desempenho**: é possível ver os resultados da web, imagem ou vídeo, e também comparar os tipos de pesquisas, filtrando por data (o filtro vai desde a data de ontem até uma data personalizada) e comparando entre datas. No ícone "Novo", pode-se adicionar filtros para analisar resultados específicos como consulta, página, país, dispositivo ou aspecto da pesquisa. O gráfico mostra:

(a) número total de cliques; (b) impressões: todas as vezes que o resultado apareceu a algum usuário; (c) CTR (*click through rate*) médio: taxa de cliques, que é a porcentagem de impressões que resultaram em um clique, ou seja, de todas as vezes que o resultado apareceu, quantas delas se converteram em cliques direcionados ao site; e (d) posição média: é uma média de posição do site, com base na posição mais alta que ele teve nos resultados de pesquisa. Se o site apareceu na posição 7 em uma pesquisa e na posição 3 em outra, a posição média é 5 (a soma das duas posições, dividido por 2 buscas). Portanto, é preciso considerar que o site pode ter desempenho diferente de acordo com a palavra-chave pesquisada pelo usuário. Na parte de baixo da tela, há informações muito importantes. Na aba "Consultas", estão as pesquisas dos usuários que os levaram até o site, bem como o número de impressões e de cliques naquela página. Na aba "Páginas", existe um panorama geral do número de impressões e de cliques em cada página do site. Quanto maior for a taxa de cliques, melhor. Em "Países", encontram-se as impressões e os cliques por país. Na aba "Dispositivos", é possível descobrir o número de impressões e cliques oriundos de computadores, celulares e *tablets*. Em "Aspecto da pesquisa", constam os resultados *web light*, que são páginas transformadas em páginas mais leves. O Google prefere mostrar as páginas mais ágeis e leves para os usuários que fazem uma busca usando dados móveis ou algum dispositivo mais lento. Para isso, é feita uma conversão a fim de que a página fique mais rápida, e essa tecnologia é denominada *web light*. Experimentos feitos pelo próprio Google mostram que as páginas otimizadas carregam quatro vezes mais rápido que a página original e utilizam 80% menos bytes, além de terem 50% a mais de tráfego. Por último, é possível filtrar por data para analisar se, em algum dia específico, o site teve mais impressões ou cliques.

- **Inspeção de URL**: esse menu serve para inserir uma URL do site e verificar se ela está aparecendo nos resultados Google normalmente. É claro que, para aparecer com uma boa posição no *ranking*, essa página precisa estar em conformidade com os critérios analisados pelo Google como relevantes. É como se fosse um raio-x do site, que verifica as URLs, uma por uma.
- **Cobertura**: mostra se alguma página do site está com algum erro, impedindo que seja indexada. Caso alguma página apresente erro, o próprio Google indica a correção. O ideal é ter todas as páginas do site como "válidas", o que significa que estão sendo indexadas normalmente. Caso tenha algum erro, é necessário acionar o programador.
- *Sitemaps*: é um mapa do site, um arquivo que mostra ao Google a estrutura do site e todas as páginas que existem nele. O programador insere o *sitemap* no Google Search Console.
- **Remoções**: serve para o caso de precisar remover uma página do site da pesquisa Google por algum motivo. Quando uma página é categorizada como removida e o usuário busca pelo termo no Google, não encontrará mais essa página. Também mostra se alguma página foi removida temporariamente ou, até mesmo, se há algum conteúdo desatualizado e que levou à remoção da página. É o administrador do site que solicita a remoção de uma página da pesquisa Google.
- **Velocidade**: ainda em fase beta, essa tela mostra a velocidade de carregamento do site em computadores e em dispositivos móveis. As páginas muito lentas devem ser avaliadas, visto que os usuários não costumam esperar que uma página carregue. Portanto, é fundamental manter as páginas do site com um carregamento ágil. Essa tela pode ajudar nisso, além da ferramenta Google Speed Insights, que avalia de 0 a 100 o tempo de carregamento do site e indica sugestões de como resolver problemas de agilidade no

carregamento. O principal objetivo de ter um negócio na internet é fornecer uma boa experiência, ou seja, fazer com que o usuário se sinta satisfeito na sua busca por conteúdos, e um site que carrega rapidamente pode ter muito mais sucesso.

- **Facilidade de uso em dispositivos móveis**: mostra se alguma página do site tem dificuldade de usabilidade em dispositivos móveis como celulares e *tablets*. O ideal, como já dissemos, é que todas as páginas estejam válidas. Antes de pensarmos como estrategistas digitais, precisamos ponderar nossa experiência como internautas, como usuários. Quem já não acessou algum site através de um dispositivo móvel (celular ou *tablet*) e ficou frustrado porque o site não se adaptou à sua tela? Pois é. Ninguém gosta dessa experiência. Portanto, o site deve ser responsivo, de ágil carregamento e fornecer informações completas.
- *Links*: nesse menu aparece qual URL do site foi mencionada por outro site (linkagem externa), bem como URLs constantes no mesmo site (linkagem interna). Ainda, é possível verificar os principais sites que fizeram a menção e quais os principais termos citados que levaram o usuário de uma origem para determinada página de destino. Essa é uma das melhores estratégias para garantir que o site obtenha uma boa posição no *ranking* de resultados Google: sites de relevância direcionando o usuário para o site de destino. A linkagem interna é igualmente importante, pois pode fazer com que o tempo de permanência no site seja maior, isto é, o usuário acessa uma página do site e passa por várias outras antes de finalizar a sessão.

O Google Search Console é uma ferramenta muito intuitiva e apresenta informações altamente relevantes. Quem administra um site, precisa conhecer e começar a utilizar todos os recursos disponíveis.

3.4
Google Ads

Você já ouviu falar em Google Ads? É o antigo Google Adwords, o serviço de publicidade do Google. As ferramentas Google são sempre muito importantes para quem utiliza ações de marketing em um ambiente digital. Essa, em especial, é muito utilizada por empresas e negócios que têm um site ativo na web, com o objetivo principal de criar anúncios para que uma empresa consiga atingir mais pessoas. Os anúncios de Google Ads estão na rede de pesquisa do Google, nos sites parceiros através de *banners* e nos vídeos do YouTube.

É por meio dessa ferramenta que são direcionadas as publicidades para os usuários em diversos canais: tanto no Google quanto no YouTube e em sites parceiros, que são cadastrados em outra ferramenta denominada *Google Adsense*, o serviço de monetização do Google. Os resultados positivos que os anúncios podem trazer são muitos: aumento do número de visitas no site, mais visitas na loja física, mais ligações, um público engajado e, principalmente, mais vendas. O Google Ads funciona a partir de qualquer valor, é só inserir um crédito pré-pago e esse crédito vai sendo descontado de acordo com o resultado, ou seja, o pagamento só ocorre quando alguém clica no anúncio ou visualiza o vídeo. Para aprender a anunciar, pode-se recorrer aos canais oficiais do Google Ads. Abordaremos, aqui, as métricas mais importantes.

Além do Google Ads, existe o Google Analytics, que é uma ferramenta Google, gratuita, específica para analisar métricas dos sites (mais adiante o Analytics será tópico de nossa discussão). O importante agora é saber que essas duas ferramentas se integram. Segundo o Google (2021c), "assim como sol e praia ou queijo e goiabada, o Google Ads e o Google Analytics são ótimos sozinhos, mas juntos são ainda melhores". Logo, quem tem um site e anúncios ativos no Google Ads, deve usar o recurso de integração das duas ferramentas para obter melhores resultados.

Quando se tem uma campanha no Google Ads, pode-se analisar infinitas métricas, visto que os dados disponíveis são inúmeros. Mas quais desses dados importam? Os que respondem aos objetivos preestabelecidos. Se o objetivo é trazer mais *leads* (pessoas que se interessam pelo produto ou serviço), é preciso analisar o número de *leads* captados. Se o objetivo é alcançar o maior número de pessoas possível, o alcance deve ser investigado. Se o objetivo é atrair mais cliques, é necessário averiguar a taxa de cliques. Todavia, algumas métricas são importantes para todos os objetivos, conforme destacado a seguir.

- **Taxa de cliques ou *click through rate* (CTR)**: é preciso saber quantas vezes os anúncios receberam um clique de acordo com o número de vezes em que foram mostrados. Lembra? Quando o anúncio aparece para um usuário, é contabilizada uma impressão, mas quando esse usuário clica, é gerado um clique. A taxa de cliques nada mais é que a medição de quantas vezes as pessoas clicaram quando viram um anúncio. Quando o CTR aumenta, significa que os anúncios estão tendo uma boa *performance*, e quando diminui pode ser que os concorrentes estejam recebendo mais cliques. Quanto mais cliques o anúncio tem, mais baixo é o custo por clique (CPC) e, assim, é possível aprimorar a *performance*, fazendo mais com menos. Por exemplo, se você tem uma taxa de cliques baixa e paga mais caro no clique, com R$ 100,00 você atinge um número X de resultado, mas, se paga mais barato, com os mesmos R$ 100,00 seu anúncio pode atingir mais pessoas e dar mais resultados. O principal motivo de CTR baixo em anúncios é o texto, então, caso apareça esse problema, cabe realizar testes com o conteúdo.
- **Custo por clique (CPC)**: as métricas de custo são muito importantes no tocante à estratégia de mídia paga, pois o investimento precisa dar retornos satisfatórios, o que eleva a métrica de retorno sobre o investimento (ROI). Todas as vezes que alguém clica em

um anúncio, ele é pago. Quanto mais baixo o custo por clique, mais alto será o retorno sobre o investimento, já que, como vimos, com o mesmo valor é possível atingir mais pessoas caso o custo esteja otimizado. Essa é uma métrica que não serve apenas para controlar quanto está custando cada clique, mas também para mostrar a qualidade do anúncio, já que quanto mais alto o CPC, menos relevante é o anúncio, e vice-versa. Também são levados em consideração a relevância das palavras-chave utilizadas e a qualidade da página de destino (quando o usuário clica no anúncio ele é direcionado a uma página, chamada de *landing page*, e quanto mais alto o CPC, menos relevante é a *landing page*). Muitas variantes sobre a página de destino são ponderadas: desde a taxa de rejeição (quando alguém clica no anúncio e permanece pouco tempo na *landing page*) até a responsividade e a agilidade no carregamento. Essa métrica precisa ser monitorada com frequência, e muitas decisões podem ser tomadas para melhorá-la, não só para otimizar o custo, mas como um alerta de que, quanto mais caro o clique, pior está sendo a experiência do público.

- **Taxa de impressão**: é a divisão do número de vezes que os anúncios aparecem com relação ao número de vezes em que as palavras-chave definidas são buscadas no Google. Portanto, nem sempre o anúncio vai aparecer para quem pesquisa por aquela palavra-chave, pois isso depende do leilão de palavras-chave, que acontece todas as vezes que um usuário faz a busca por algum termo. Algumas palavras-chave são extremamente concorridas, dependendo da qualidade do conteúdo para atrair mais cliques. A taxa de impressão mostra se os anúncios realmente são relevantes para aquele público-alvo, se as palavras-chave escolhidas são as mais adequadas, se o valor determinado para aquela campanha foi o suficiente e, principalmente, como está o desempenho dos concorrentes. É fácil perceber que, com a análise de métricas, as decisões tomadas são inteligentes e estratégicas: a definição de um orçamento mensal para anúncios no Google, por exemplo, depende do entendimento da complexidade de campanhas passadas com relação aos concorrentes. Se a taxa de impressão estiver baixa, o orçamento destinado pode ser baixo demais, ou a concorrência da palavra-chave pode estar alta demais, e esse é o momento de aumentar a verba e melhorar as páginas de destino. Otimizações de SEO podem ajudar muito. Assim, os ajustes são feitos com base em dados relevantes e, por consequência, os resultados aparecem.

Outro fator muito importante quando a taxa de impressões de anúncios está baixa é a palavra-chave. Aquelas palavras mais abrangentes, como "marketing" ou "botas" são muito mais procuradas e grandes anunciantes entram na disputa do leilão, o que pode aumentar o CPC da campanha e resultar em uma taxa baixa de impressões. Apostar em palavras-chave de cauda longa, como "melhor pizzaria do bairro", "padarias abertas agora", que expressam mais claramente a intenção do usuário, é uma boa opção. Essas palavras geralmente têm menos busca, mas são qualificadas, o que eleva os números.

Todos esses detalhes na análise de métricas do Google Ads são importantes para que os esforços se convertam em resultados satisfatórios. Todas essas otimizações melhoram o índice de qualidade, que quanto maior, melhor para a marca. De pouco adianta investir em uma ferramenta de publicidade *on-line* sem medir seus resultados. Ainda mais quando a própria ferramenta fornece esses resultados, tornando o trabalho ainda mais fácil e analítico. Lembrando que todo esse trabalho está voltado à qualidade da experiência dos usuários.

3.5
Google Analytics

O Google Analytics exerce um papel fundamental na análise de métricas. É a ferramenta mais completa de análise de sites, portanto, essencial para quem tem um site ativo e quer obter sucesso. O Analytics é capaz de fornecer infinitos dados de navegação do site que revelam desde o comportamento do usuário até as métricas específicas por página do site.

É impossível falar em métricas sem entender o funcionamento do Google Analytics, que é a ferramenta de análise do Google que fornece dados sobre o site, coletando informações dos usuários e transformando em relatórios que chegam prontos para serem analisados. O acesso a essa ferramenta depende do site estar integrado ao Analytics. Caso seja necessário, vale pedir a ajuda de um programador para integrar o site à ferramenta de análise. Para aqueles que não têm um site, mas querem saber como funciona, o Google fornece uma conta demonstrativa. A plataforma começa a operar a partir da instalação desse código nas páginas do site, e, por esse motivo, todos os registros do que aconteceu antes da instalação são perdidos. Existem várias ferramentas de análise, mas o Google Analytics é a mais completa e, ainda, gratuita. Muitos são os pontos positivos: integração com outros produtos Google, processamento de dados em tempo real, interface bem intuitiva e permite desde análises mais simples até relatórios completos e personalizados de acordo com a necessidade de análise.

Essa ferramenta é essencial para conhecer melhor o público-alvo, mensurar os resultados e, sobretudo, obter sucesso para o site. É uma das plataformas essenciais quando se trata de estratégia. Com ela, é possível analisar as taxas de venda, quanto tempo os usuários passam em cada página do site, o volume de visitas e várias outras métricas que podem ser relevantes para que as estratégias sejam mais assertivas, já que contém informações específicas por página do site. Assim fica muito mais fácil identificar possíveis melhorias.

A página inicial já exibe algumas informações importantes, como usuários, sessões, taxa de rejeição, duração da sessão, usuários ativos no momento, principal canal de tráfego, localização dos usuários, horário em que o público acessa o site, páginas mais visitadas, dispositivos utilizados e retenção dos usuários. Como toda visão geral, serve para análises mais rápidas (mais adiante veremos como analisar cada seção de maneira mais aprofundada).

A ferramenta permite uma análise em tempo real: é possível ver locais, origens de tráfego, conteúdos, eventos e conversões que estão acontecendo no site exatamente naquele momento. Por meio da visão geral, verifica-se quantos usuários estão ativos no momento, de qual localização são essas pessoas, em quais páginas do site existem usuários ativos, quantas páginas são vistas por minuto ou por segundo e qual foi a origem do tráfego, ou seja, se esses usuários que estão ativos chegaram ao site via redes sociais, digitando no navegador, buscando no Google ou clicando em um *link*.

Um menu especial para quem tem comércio eletrônico é o de "Conversões". Segundo o Google (2021b), "a conversão pode ser macro ou micro. Uma conversão macro tipicamente é uma transação de compra concluída. Por outro lado, uma conversão micro é uma atividade concluída, como uma inscrição por e-mail, que indica que o usuário está seguindo na direção de uma conversão macro". Na aba "Conversões", é possível analisar todos os números relacionados às vendas do site.

A usabilidade do Google Analytics é simples – esse, inclusive, é seu diferencial: trata-se de uma ferramenta bastante funcional. Para utilizá-la, basta ir navegando pelos menus e pelas informações, sem medo de clicar. Como são muitos indicadores, é possível conhecê-los aos poucos, a fim de que possam começar a ser considerados.

Contudo, é preciso ler esses dados e transformá-los em algo útil. O que você faria com a informação de que os usuários chegam ao site e permanecem pouco tempo nele ou visitam apenas uma página desse site? Este é o grande diferencial de analisar métricas: fazer com que simples dados se tornem informações relevantes, e transformar essas informações em uma melhoria para que os resultados sejam positivos.

Existem duas funcionalidades proveitosas no Analytics, mas ainda pouco exploradas, quais sejam:

1. **Exclusão dos dados de visita de *bots* (robôs)**: é difícil distinguir o tráfego real, feito por pessoas, das visitas geradas por robôs. Por isso, o Analytics criou uma opção em que se pode simplesmente excluir o tráfego de *bots*, a fim de aferir o número real de visitas no site. É só ir em: Administrador > Vista da propriedade > Visualizar configurações > Filtragem de bots. Nesse último item, é preciso marcar a caixa "Excluir todos os *hits* de *bots* e indexadores desconhecidos" e, em seguida, clicar em "Salvar".

2. **Exclusão do tráfego interno**: se a ideia é usar o Analytics para monitorar a atividade dos potenciais clientes, não é viável considerar as visitas dos colaboradores da empresa, até porque daria um gigantesco viés de informação, já que o site pode ter contabilizado várias sessões. E como saber quantas dessas visitas são de clientes? Os colaboradores, normalmente, visitam o site da empresa para fazer testes. Para excluir os dados internos, é preciso contar com a ajuda de um programador ou buscar a orientação do próprio Google Analytics, em fóruns disponíveis na internet.

3.5.1 Público-alvo

O menu "Público-alvo" é um dos mais relevantes e o que contém mais informações. Vejamos, a seguir, algumas das métricas mais importantes.

- **Usuários ativos**: mostra quantos usuários únicos estiveram ativos em um período determinado. Trata-se dos usuários que iniciaram uma nova sessão do site. Vale ressaltar que, mesmo que o usuário acesse várias páginas, continua contando como apenas um usuário.
- **Valor da vida útil ou *lifetime value* (LTV)**: em tradução livre, LTV significa "valor vitalício". Trata-se, basicamente, do lucro da vida de um cliente para a empresa. O entendimento do valor de

usuários diferentes para a empresa está no desempenho geral deles. É possível verificar o valor de vida útil dos usuários que chegaram por e-mail ou por redes sociais, por exemplo, e repensar as ações de marketing com base nos recursos mais lucrativos. Basicamente, essa métrica estima a receita gerada por um cliente. Por exemplo: se um cliente costuma gastar R$ 50,00 por mês comprando algo em seu site e passa, geralmente, seis meses usando seu produto, seu LTV será de R$ 300,00. Da mesma forma, existem outros usuários que consomem seu produto durante períodos menores ou maiores. Por isso, a ideia do LTV não é calcular separadamente cada cliente, mas analisar todos a fim de encontrar uma média de valor gasto e tempo de permanência. Nesse sentido, as estratégias ajudam a aumentar o *ticket* médio e a permanência, como estratégias que estimulem as pessoas a comprar mais ou adquirir produtos mais caros e duráveis.

- Análise de coorte ou análise de *cohort*: serve para analisar e classificar pessoas com o mesmo comportamento dentro de um cenário. É como um recorte que tem a função de mostrar um grupo de pessoas que emprega a mesma ação no mesmo período, ou seja, que apresenta padrões de comportamento de consumo semelhantes. Imagina quanto tempo demoraria para analisar um por um dos usuários que fizeram uma ação em determinado site. O volume de dados captados é absurdamente amplo. Por isso, a análise de coorte pode ajudar a evidenciar tendências em meio a tantas informações. É a melhor forma de entender o comportamento dos usuários nos diferentes estágios da jornada de compra: Como se comportam aqueles que são iniciantes no relacionamento com a marca? E aqueles que chegaram há um tempo? Como são os compradores? É importante saber como cada grupo se relaciona com o site. Assim, ficará mais fácil traçar estratégias para os grupos de públicos em diferentes estágios de compra.

- *User explorer*: ao contrário da análise de coorte, o relatório de *user explorer* apresenta as ações de um usuário específico. Essa análise é relacionada ao *user identifier* (ID) de cada usuário. Em uma campanha abrangente ou análise geográfica grande, é muito importante avaliar o comportamento em grupo. E é fundamental entender a experiência de um usuário único em alguns momentos. Por exemplo: se vários usuários abandonaram o produto no carrinho exatamente na mesma página, vale analisar, nesse gráfico, como foi a experiência de cada, a fim de traçar estratégias de melhoria.
- Públicos: fornece informações completas sobre o comportamento do público: usuários, sessões, taxa de rejeição, duração média da sessão, páginas por sessão, porcentagem de novas sessões, entre outros dados importantes. Vejamos alguns desses dados:
  a. Sessão: é o total de visitas que o site teve no período selecionado.
  b. Usuários (ou visitantes únicos): quantas pessoas acessaram o site apenas uma vez no período analisado.
  c. Taxa de rejeição: a porcentagem de usuários que acessa o site e sai dele, tendo visitado apenas uma página desse site. Essa taxa costuma ser alta em *blogs*, porque as pessoas leem aquele conteúdo inicial e já fecham a página, caso o conteúdo não atraia a atenção logo no início. Se o usuário buscar um termo no Google, encontrar o site, clicar, fechar a página e voltar para as buscas, a rejeição pode aumentar. Essa ação mostra que o usuário não se contentou com seu conteúdo e precisou continuar buscando.
  d. Páginas por visita: quantas páginas o usuário acessa por visita. Quanto mais páginas o usuário percorrer, melhor. Para elevar essa métrica, é indicado utilizar linkagem interna (inserir *hiperlinks* de outros conteúdos do site no texto que está

sendo escrito, desde que haja alguma relação entre os assuntos). Assim, o usuário navega por mais páginas em uma mesma sessão. Exemplo: "Agora que você sabe tudo sobre planejamento de conteúdo, leia o guia completo sobre Instagram de que já falamos antes aqui".

e. Duração média da sessão: mostra quanto tempo, em média, os usuários permanecem ativos no site. Quanto mais tempo navegarem pelos conteúdos, melhor será o desempenho.

f. Porcentagem de novas sessões: quantas pessoas acessaram o site pela primeira vez no período determinad

Esse item tem muitas informações relevantes sobre a navegação dos usuários no site. Por isso, é preciso explorar e coletar os dados relativos à estratégia. Reiteramos: a melhor forma de fazer com que o site forneça uma boa experiência aos usuários é analisando dados do público.

- **Informações demográficas**: nesse item, pode-se analisar a idade e o sexo dos usuários, bem como as especificações de cada um. Por meio dos filtros é possível averiguar, por exemplo, se os usuários de uma mesma faixa etária passam menos tempo no site ou passam menos tempo em uma página. Assim fica muito mais fácil tomar decisões.
- **Interesses**: o Analytics informa quais os principais interesses dos usuários, mostra as categorias com mais afinidade, segmentos do mercado etc. É essencial para gerar conteúdos que agradem à audiência.
- **Geográfico**: De onde são os usuários? Qual é o idioma principal? De quais países, estados e cidades vêm os acessos? Será que pessoas de uma mesma localização têm os mesmos costumes no site? Será que o conteúdo agrada da mesma forma pessoas de diferentes localizações?

- **Comportamento**: mostra se os usuários são novos ou recorrentes, ou seja, se estão acessando o site pela primeira vez ou se já visitaram alguma vez no período escolhido. Também verifica quantas sessões e visualizações de página em média tiveram os acessos de usuários que permaneceram um tempo por sessão. Por exemplo: de 0 a 10 segundos, houve 20 sessões e 21 visualizações de página.
- **Tecnologia**: é possível analisar até mesmo qual navegador, sistema operacional, resolução e cores da tela os usuários têm. Como tomar decisões com base na tecnologia utilizada? Se a maioria dos usuários navegam no site através de um sistema operacional específico, pode-se elaborar conteúdos que tenham relação com esse público.
- **Dispositivos móveis**: Será que o público acessa o site pelo computador, celular ou *tablet*? Qual é o dispositivo mais usado? É possível saber até mesmo o modelo do celular, bem como o número de sessões, usuários, taxa de rejeição, duração média da sessão, entre outros detalhes. Por exemplo: se os usuários com o modelo X de celular passam pouco tempo em uma página, pode ser que o site não tenha um bom desempenho nesse modelo. Além disso, todos os sites precisam necessariamente ser responsivos, ou seja, adaptar-se em multitelas. Esses dados revelam, portanto, se a experiência do usuário está sendo boa ou se o site precisa de ajustes.
- **Todos os dispositivos**: métricas importantes para entender quais dispositivos são usados em cada etapa da jornada do cliente. Sabe-se, por exemplo, se o usuário visualizou o produto pelo celular, mas depois voltou para comprar pelo computador. Pode ser que o usuário chegou ao site por um anúncio em alguma rede social, então o tráfego de entrada foi pelo celular, mas depois viu um anúncio de remarketing (aquele que aparece constantemente quando se visualiza algum produto) no computador e entrou para

finalizar a compra. Desse modo, as mídias precisam ser sempre integradas, pois o usuário passa por várias etapas da jornada até efetuar a compra.

- **Fluxo de usuários**: por meio da representação gráfica, o relatório mostra um fluxograma que permite analisar resultados de diferentes segmentações de público para entender qual foi a página inicial e quais foram as próximas páginas vistas pelo usuário. Quais foram os caminhos percorridos pelos usuários no site? Com essas informações, é possível identificar os padrões de tráfego do site, comparar o volume de tráfego em diferentes páginas e tomar decisões de melhoria para problemas específicos em determinadas páginas.

São muitas as possibilidades. O Google Analytics tem infinitos dados de público-alvo, mas nem sempre todos serão relevantes para a estratégia adotada, afinal, como sabemos, as principais métricas são aquelas que mostram se os objetivos planejados estão sendo cumpridos. Assim, basta acessar o Analytics e analisar os gráficos para compreender o que diz cada informação.

Já vimos sobre o Facebook Audience Insights, ferramenta que fornece dados valiosos sobre o público conectado à página do Facebook. Agora, conhecendo os relatórios de métricas do Google Analytics, entendemos ainda mais sobre a importância de conhecer o público ideal para que a marca tenha sucesso na web. Reiteramos: tudo sempre é sobre pessoas. Analisar essas métricas também é importante para definir as personas da marca, processo fundamental para qualquer ação de marketing.

Quando uma empresa ou marca decide que precisa começar a investir em marketing digital, o profissional contratado, geralmente, cria, de início, uma página no Facebook, no Instagram e em outras redes sociais, além da criação do site e da publicação de postagens no *blog*. Mas será que essa é mesmo a primeira etapa a ser feita? Não. O fluxo de trabalho de um profissional da área do marketing digital deve ter como primeira etapa o planejamento, e isso inclui a definição das personas, ou seja, dos personagens de um público ideal para aquela empresa. Não se vende nada para um público que não se conhece, e não se conhece um público sem pesquisar sobre ele.

O principal motivo para definir personas é vender para o cliente certo, ou seja, gerar conteúdo para o público certo e comunicar-se com ele. É muito mais fácil criar conteúdo relevante para o público sabendo quais são as preferências de canal de comunicação, de redes sociais, os horários do dia, os dias da semana, o tom de voz, se vai usar regionalismos, gírias, uma fala séria, descontraída, legendas curtas ou longas, em quais dispositivos a persona costuma navegar na web etc. Os motivos para utilizar dessa estratégia são inúmeros, mas o foco é sempre na experiência do usuário. A marca precisa ter um site ou páginas em mídias sociais que agreguem valor.

Muito se confunde a definição de persona com o público-alvo. Já ouviu falar em público-alvo? Ele pode ser identificado a partir das respostas às seguintes perguntas:

- Qual é a faixa etária?
- Qual é o sexo?
- Qual é a renda familiar mensal?
- Qual é a escolaridade?
- Qual é a localização?

Logo, o público-alvo poderia ser: homens, de 25 a 45 anos, que moram em Curitiba, com ensino superior completo, com renda que varia de 4 a 7 salários mínimos.

Mas por que público-alvo não funciona no marketing digital? Porque é muito abrangente. Apenas com essas informações, seria muito difícil definir uma comunicação assertiva. Por isso, o ideal é a definição de personas.

Persona é a representação do público ideal e, por mais que seja baseada em dados reais, pode até usar um nome fictício para ter mais proximidade. A definição de personas é uma das etapas mais importantes do planejamento de marketing digital. A grande diferença entre público-alvo e persona é a densidade de informações e segmentação.

Exemplo de persona

Cláudio tem 26 anos, mora em Curitiba, tem um salário de R$ 3.500,00, publicitário formado há dois anos e busca pós-graduação na área da comunicação, que tenha duração de um ano, pois pretende fazer mestrado em seguida. Claudio navega em redes sociais durante o dia e, principalmente, à noite, em horas vagas. Sua rede social favorita é o Instagram, em que passa, em média, três horas por dia.

Normalmente, a persona é muito mais segmentada que o público-alvo, de forma muito mais humanizada e menos generalizada. Cada empresa pode ter mais do que uma persona definida, inclusive é muito comum e correto que isso aconteça. Se uma empresa vende muitos produtos, provavelmente terá uma persona para cada um deles, ou pelo menos para cada categoria de produtos. Isso porque o comportamento dos usuários muda conforme suas preferências. Por exemplo: Uma pessoa que faz musculação tem hábitos distintos de uma pessoa que pratica jiu jitsu, concorda? E ambos são atividades físicas. Portanto, uma marca pode escolher definir duas personas: uma para cada modalidade praticada. No público-alvo, o público apenas seria definido como praticantes de exercícios físicos, mas, na definição de personas, é feita a distinção de conteúdos entre quem, por exemplo, faz *ballet* ou *crossfit*.

Para saber qual é a persona correta, é preciso saber manusear o Google Analytics e várias outras ferramentas que disponibilizam dados sobre o público.

3.5.2 Aquisição

As fontes de aquisição são informações muito importantes e grande aliadas da estratégia de criação e distribuição de conteúdo. Logo no início dos relatórios, tem-se uma visão geral com os "top canais", as principais origens e principais mídias. Esses dados ajudam a entender o tráfego do site, auxiliando na tomada de decisões importantes. É preciso saber quais canais estão fomentando mais visitas ao site, a fim de que o investimento esteja voltado a eles e as estratégias sejam revistas. Esses dados respondem a uma pergunta muito comum: "Será que é preciso ter um site e redes sociais?", pois percebe-se que muitos usuários chegam até o site por meio das redes sociais. Naturalmente, alguns canais são melhores que outros no que se refere a resultados, e isso é normal. Mas, para saber quais entregam resultados mais animadores, é preciso utilizar o Analytics.

É quase óbvia a importância da análise de métricas para os negócios que estão inseridos em um ambiente *on-line*. Muitas empresas não utilizam ferramentas de análise e simplesmente tomam decisões no escuro. No entanto, analisando os relatórios de aquisição, constata-se a indispensabilidade desse processo. Pode ocorrer de uma equipe de marketing trabalhar totalmente focada em planejar conteúdos da marca em multicanais, mas se essa mesma equipe não fizer uma análise de quais canais estão sendo assertivos para atingir metas e objetivos, os esforços são praticamente perdidos. Em vez disso, é preferível utilizar ferramentas de análise para otimizar o tempo de trabalho da equipe, que estará concentrada apenas naquilo que realmente dá resultado. E o mais importante: tomará decisões com base em dados reais. O Google Analytics coleta dados importantes sobre a aquisição, vejamos:

- **Canais**: serve para mostrar como as pessoas chegaram até o site: (a) busca orgânica: quando as pessoas buscam um termo que levou ao site em buscadores como Google. Se uma pessoa pesquisar no Google "professora de marketing digital" ou pelo meu nome, pode encontrar meu site, e, se essa pessoa clicar, o Analytics vai contabilizar um acesso como uma busca orgânica. Para melhorar esse resultado, é preciso implementar estratégias de *search engine optimization* (SEO); (b) social: o Analytics mostra quantas pessoas chegaram até o site através de redes sociais, seja de maneira orgânica ou paga. É essencial para saber quais redes sociais trazem mais tráfego ao site; (c) e-mail: o e-mail marketing é uma das fontes de tráfego mais assertivas, ao contrário do que muita gente pensa. Todas as vezes em que se envia um e-mail marketing ou uma *newsletter* com um botão que direciona o usuário ao site, e o usuário realmente clica no botão, é contabilizado um acesso via e-mail nesse relatório; (d) *direct*: concentram-se os dados de acesso de quem acessa o site digitando diretamente seu domínio; (e) *referral* (ou site de referência): indica os visitantes que chegaram até o site através de outro site que usou um *link* direcionando para essa página. Quando, por exemplo, um conteúdo contido em determinado site é mencionado por um outro, é feito um *hiperlink* e, quando o usuário clica, é direcionado para aquele site. Quando isso acontece, é contabilizada mais uma visita no Analytics por referência, e o site que fez a menção aparece na listagem de referências; (f) *paid search*: mostra quantas pessoas chegaram até o site através de um anúncio pago; (g) *other*: visitas de canais não identificados. Pode ser que o usuário clicou no *link* que o levou até o site através de, por exemplo, um arquivo em PDF ou um SMS recebido.

- **Mapas de árvore**: é possível identificar, através de recursos visuais, as tendências dos dados, que revelam a importância de acessos de diferentes canais. Assim, pode-se explorar melhor os canais que mais se destacam nos mapas de árvore. As métricas são baseadas de acordo com o tamanho e com a cor de cada retângulo.

É possível escolher o que se está analisando como métrica principal (conclusões de meta, número de novos usuários, receita, sessões, transações, usuários ou valor da meta) e métrica secundária (duração média da sessão, páginas por sessão, porcentagem de novas sessões, taxa de conversão de meta, taxa de conversão do comércio eletrônico, taxa de rejeição e valor por sessão). A combinação de métricas principais e secundárias entrega informações valiosas, que auxiliam muito na tomada de decisão. É possível verificar, por exemplo, se as pessoas que chegam até o site através da busca orgânica visitam outra página ou apenas aquela que trata do assunto pesquisado, bem como quanto tempo passam em cada página, entre diversas outras informações que podem ser coletadas.

- Origem/mídia: origem é o site da origem do tráfego, como o Google ou um domínio (empresa.com). Mídia é a categoria da origem, por exemplo busca orgânica (*organic*), referência da web (*referral*) etc.; e origem/mídia, como pressupõe-se, combina a origem com a mídia, por exemplo google/organic, profmarketingdigital.com.br/referral etc.

- Referências: visitantes que acharam o site através de outro site por meio de um *link*. Por exemplo: você estava vendo um *post* no *blog* de um site e mencionava "Neste site, você pode ver uma lista de graduações focadas no mundo digital" e, nesse texto, existia um *hiperlink* que direcionava a outro domínio: o site do Centro Universitário Internacional (Uninter), por exemplo. Nesse momento, o Analytics da Uninter contabilizou um acesso por referência. O site de referência aparece nesse relatório. Essa estratégia de linkagem externa chama-se *backlinks*. Quanto mais *backlinks* de sites relevantes algum outro site recebe, maior é a relevância dele com o Google e maior pode ser o número de sessões de novos usuários.

- **Redes sociais:** o Analytics tem um canal de relatórios especificamente para tratar de quais redes sociais direcionaram usuários para determinado site. Ele mostra a referência de redes, as páginas de destino (qual foi a página que o usuário acessou a partir de uma rede social), as conversões e, até mesmo, o fluxo de usuários, ou seja, o caminho que eles percorreram de acordo com as visitas feitas no site. Será que os usuários que chegam por uma rede social costumam comprar apenas depois da segunda interação com o site ou logo de primeira já convertem? Esses relatórios são essenciais na construção de conteúdo para os diferentes estágios da jornada de compra dos usuários.
- **Google Ads:** apresenta relatórios especiais para a ferramenta de anúncios Google: contas, campanhas, mapas de árvore, ajustes de lance, palavras-chave, consultas de pesquisa, hora do dia, URLs finais, segmentação na rede de *display*, campanhas de vídeo e campanhas do *shopping*, com diversas variáveis possíveis de serem aplicadas para a análise completa dos anúncios no Google Ads.
- **Search Console:** se essa ferramenta estiver integrada ao Google Ads, mostra informações sobre o site, como páginas de destino, países, dispositivos e consultas.
- **Campanhas:** fornece dados fundamentais para compreender o desempenho das campanhas. São disponibilizados dados de todas as campanhas, sobre as palavras-chave pagas, palavras-chave orgânicas e análise de custos.

Os relatórios de aquisição são os mais explorados pelos profissionais de marketing e marketing digital, já que é possível analisar cada métrica relevante como sessões, taxa de rejeição, tempo de duração da sessão e demais métricas específicas de cada canal de marketing. Esses dados do Analytics devem fazer parte do planejamento para organizar e concentrar os esforços nos canais que dão mais retorno, que trazem mais tráfego ao site. Muitas estatísticas são importantes, mas os canais de aquisição são fundamentais para qualquer site, sobretudo quando se quer atrair mais tráfego e, consequentemente, converter mais vendas pelo site.

3.5.3 Comportamento

Entender sobre o comportamento do usuário talvez seja o maior desafio para os profissionais que trabalham com marketing, mesmo que indiretamente. Primeiro porque os comportamentos dos usuários mudam o tempo todo, e segundo porque os próprios canais, ferramentas e redes são muito dinâmicos. As funcionalidades mudam, e o comportamento do usuário muda junto, ou talvez o contrário: nosso comportamento pode afetar o funcionamento dos canais. Bem, o que importa é que o processo de análise do comportamento do usuário no site é simplificado pelo Google Analytics. Muitas informações relevantes podem ser vistas no menu "Comportamento", quais sejam:

- **Fluxo de comportamentos**: esse relatório mostra um mapa de comportamento dos usuários que acessam o site através do caminho percorrido por eles de uma página para a outra. É possível descobrir qual tipo de conteúdo mantém os usuários mais engajados em site ou quais tipos de conteúdo apresentam alguma falha e precisam melhorar. Essa informação é valorosa: Qual página do site atrai mais usuários? Em qual página o usuário passa mais tempo lendo os conteúdos? Qual página tem a maior taxa de saída? Entender o comportamento dos usuários e qual caminho ele percorre faz com que o administrador do site tenha em mente muitas otimizações possíveis para melhorias. Assim como em outros relatórios, é possível escolher as variáveis para análise a fim de tornar o site mais relevante aos consumidores. O importante, reiteramos, é fornecer uma boa experiência ao usuário, e a certeza de que esse papel está sendo cumprido advém somente da análise de métricas, como as do fluxo de comportamentos.

- **Conteúdo do site**: no detalhamento do conteúdo, aparece as páginas do site com informações importantes de taxa de rejeição, taxa de saída, tempo médio na página, visualizações da página e visualizações únicas. É preciso prestar atenção nas principais páginas de saída (a página do site que os usuários escolheram interromper a navegação). O Analytics mostra também a porcentagem de saída de cada página.
- **Velocidade do site**: o Analytics faz um levantamento de quais páginas do site as pessoas passaram mais tempo lendo os conteúdos. O tempo de carregamento de uma página tem relação com o tempo em que o usuário passa na página e, consequentemente, com a taxa de rejeição. Quanto mais ágil for o carregamento do site, melhor. Quanto mais tempo o usuário passar navegando pelas páginas, melhor, mas, para que ele faça isso, o carregamento dessas páginas precisa ser ágil. Algumas otimizações são sugeridas por outra ferramenta Google: o PageSpeed Insights. Essa ferramenta pode ser acessada de maneira direta e analisa exclusivamente o desempenho do site com relação ao tempo de carregamento, podendo avaliar o desempenho tanto em navegação via *mobile* quanto via *desktop*, e permite, até mesmo, comparações com outras URLs. O tempo de carregamento de um site é um fator crítico, afinal, os usuários estão cada vez mais ávidos por um conteúdo rápido, o que faz com que a agilidade no carregamento seja um dos principais critérios de relevância do Google, ou seja, se uma página do site demorar muito para carregar, o Google pode não mostrar esse site na página de resultado de busca. Entretanto, saber se o site está lento e, principalmente, o que está tornando-o lento é um desafio. Para isso, o PageSpeed pode ajudar. A usabilidade é simples: basta inserir a URL do site e pronto, a ferramenta cede uma pontuação que vai de 0 a 100, e a nota para acesso *mobile* ou *desktop* pode ser diferente. Além disso, ela

menciona algumas sugestões de melhoria para que o site fique mais rápido. No entanto, para implementar as melhorias, é necessária a ajuda de um programador. O objetivo não é alcançar a nota 100, mas garantir que o site pontue pelo menos 70 e carregue em, no máximo, 3 segundos.

- **Pesquisa interna**: esses dados são sobre as buscas que os usuários fazem no site. Caso o site não tenha a funcionalidade de busca no próprio diretório, essa informação não ficará disponível. Para sites que contam com a funcionalidade, é muito importante analisar, pois aqui estão manifestadas as principais intenções dos usuários que acessam o site e os principais produtos buscados.
- **Eventos**: os eventos servem para coletar informações sobre a interação com o conteúdo, como *downloads*, cliques em *links*, reproduções de vídeos, envio de formulários ou, até mesmo, para saber quantos cliques são feitos em uma área determinada do site, como em um menu específico, em um *banner*, em *links* do rodapé ou em alguma página. Esse relatório só ficará disponível depois de configurar a aba "Eventos" no site, já que não são informações padrão do Analytics e, por isso, precisam ser criadas para serem mensuradas.
- **Editor**: serve para as contas de Analytics que são vinculadas a contas de Adsense ou Ad Exchange para analisar os resultados sobre a monetização e o comportamento do usuário no site. Trata-se de ferramentas que veiculam anúncios nos sites. Anunciantes do Google Ads pagam para que o Google veicule anúncios em sites parceiros, e os sites parceiros são cadastrados no Adsense ou Exchange. Esse relatório serve para analisar tais resultados.

Essa ferramenta auxilia muito para cumprir com o objetivo principal de um site: fornecer informações de qualidade aos usuários e, sobretudo, proporcionar uma boa experiência. Mas, como já sabemos, dados isolados não dizem nada. Todos os dados precisam ser transformados em informações, e essas informações resultam em melhorias.

Você achou o Analytics complexo? O primeiro contato com a ferramenta, geralmente causa medo. Trata-se de uma ferramenta muito detalhada e, no início, é normal ficar meio confuso. A única forma de acostumar-se é ficando íntimo do Analytics, assim como ocorre com qualquer outra ferramenta de data marketing: só se pode conhecer explorando. É claro que, como já vimos até aqui, os números não significam nada sozinhos e, embora as ferramentas de análise sejam recheadas de números, é preciso fazer uma análise crítica para que eles se transformem em uma informação de valor.

O que você faria se estivesse com uma taxa de cliques baixa? E se estivesse com uma alta taxa de rejeição? Qual seria sua estratégia se percebesse que as pessoas passam por poucas páginas de seu site? Qual atitude tomaria se identificasse que a maioria dos usuários saem do site em uma página específica? Você consegue enxergar uma oportunidade percebendo que uma página é muito acessada por um dispositivo móvel específico? Todas as vezes em que você for impactado por um número de métrica, pense em como solucionaria esse problema.

3.6
Métricas de palavras-chave

Na internet, as palavras-chave são muito famosas. Mas por que elas são tão importantes? Bem, simplesmente porque tudo começa com o usuário fazendo a busca de algum termo em um buscador como o Google. Já vimos como é importante que um negócio apareça na internet na altura em que discutimos sobre o Google Meu Negócio e o Google Seach Console, agora, podemos analisar quais termos o usuário pesquisa para chegar até determinado negócio. Esses termos são chamados de *palavras-chave* e analisar quais são as melhores para cada estratégia e cada objetivo pode valorizar a presença *on-line* da marca.

Para escolher as palavras-chave, também é preciso analisar métricas. Sim, não basta optar pelas palavras-chave que são mais buscadas, é necessário compreender a intenção do usuário naquela busca específica. Este é o segredo de analisar números: saber transformar os dados em informações, em ações concretas de decisão, que podem resultar em uma melhor *performance*. Mesmo que se use palavras-chave apenas para gerar conteúdo de redes sociais, vale apostar em conhecer sobre as métricas desses termos para escolher quais são os melhores e mais estratégicos.

As palavras-chave são usadas em sites, em textos de *blog*, em postagens nas redes sociais, enfim, em textos em geral na internet. Até mesmo em materiais *off-line* as palavras-chave podem ser utilizadas, já que remetem à busca dos usuários na internet. Algumas ferramentas podem ajudar a encontrar as melhores palavras-chave a serem utilizadas, como Google Trends, Google Meu Negócio, Google Search Console, entre outras, como o planejador de palavras-chave do Google Ads (disponível apenas para anunciantes regulares), o moz.com/explorer e o Ubersuggest. Mesmo assim, é importante conhecer as principais métricas de palavras-chave, que são disponibilizadas dentro das próprias ferramentas de planejamento de palavras-chave. Vejamos a seguir.

- **Dificuldade da palavra-chave**: a dificuldade leva em consideração a concorrência da palavra-chave, no caso de empresas que fazem anúncios para quem pesquisa determinado termo, e o nicho. A métrica tem valores absolutos de 0 a 100 e mostra quão concorrida é aquela palavra-chave. Por exemplo: uma das palavras-chave mais caras para quem faz anúncios no Google Ads é "seguro", correspondendo a 24% das buscas feitas no Google e pode custar 70 dólares por clique. Isso porque é uma palavra-chave considerada concorrida, uma vez que se entende que o usuário que pesquisa por "seguro" está buscando um seguro residencial, de automóvel, de vida ou algum outro. Quanto mais o termo buscado demonstrar que o usuário tem a intenção de comprar, quanto mais buscas há por esse termo, quanto maior for a taxa de cliques e de conversão em páginas que contém esse termo, maior será a dificuldade da palavra-chave.

- **Volume de busca:** métrica mais utilizada para aqueles que não têm como intenção focar em resultados de anúncios, mas sim entender sobre palavras-chave e termos específicos para redes sociais e demais canais. Perceba que os números fornecidos até agora pelas ferramentas que vimos foram referentes a um site, a um negócio. No entanto, nas ferramentas de análise especificamente de palavras-chave, os resultados mostram um panorama geral do buscador, além dessas ferramentas fornecerem outras ideias de termos relacionados. Por exemplo: digamos que uma empresa de jardins verticais venda vasos autoirrigáveis e faça toda a comunicação desse modo, mas, verificando em uma ferramenta de palavras-chave, constatou que a expressão mais buscada é "vasos com reservatório de água". As ferramentas não apenas informam os termos mais buscados, mas também sugerem novas ideias, portanto podem ser aliadas às estratégias de conteúdo. O volume de buscas é, necessariamente, uma média de quantas buscas foram feitas por um termo em um período determinado.
- **Taxa de cliques ou** *click through rate* **(CTR):** mostra quantos cliques, em média, uma página recebe com relação à sua taxa de impressão (quantas vezes a página aparece). Para calcular, o Google divide o número de vezes que os sites apareceram nas buscas pelo número de vezes em que os usuários clicaram no *link* para acessar a página. Obviamente, quanto maior a taxa de cliques, melhor. Significa que as pessoas que visualizaram a publicação acharam o conteúdo relevante e resolveram clicar.

A escolha dos melhores termos depende de uma visão analítica, assim como ocorre com todas as métricas. Por exemplo: o termo "fotos", com certeza, tem um alto volume de buscas, mas qual será a intenção do usuário ao realizar essa pesquisa no Google? Trata-se de um termo que deve ser altamente explorado em canais de quem trabalha com fotografia? Esses usuários podem querer ver fotos, contratar um fotógrafo de eventos, um fotógrafo para ensaio adulto ou infantil etc., as possibilidades são inúmeras. A expressão "curso *on-line* de fotografia", por exemplo, explicita o interesse dos usuários, mesmo que apresente um menor volume de buscas. Da mesma forma, as pessoas podem pesquisar com muita frequência o termo "calçado", o que pode significar várias coisas: ver fotos de calçados femininos, comprar calçados infantis, calçados de inverno etc., pois esse tipo de palavra-chave é abrangente. Já os termos de cauda longa demonstram especificamente a intenção do usuário, como: "coturno preto feminino John John". Logo, não são todos os termos com maior volume de buscas que são os melhores.

Depois de identificar os termos relevantes para as estratégias estabelecidas, pode-se elaborar um relatório de palavras-chave que serão utilizadas de acordo com o planejamento. Esses termos, bem como sua relevância, seu volume de buscas e a taxa de cliques, devem embasar o planejamento de conteúdo para sites, redes sociais, anúncios e quaisquer outros materiais. Dessa vez, esses conteúdos não serão apenas criativos, mas relevantes, uma vez que estarão fundamentados em dados dos próprios usuários.

Métricas funcionam dessa forma; por isso, é preciso estratégia para analisar os números.

Síntese

Neste capítulo, destacamos a importância não apenas de conhecer as principais ferramentas Google, mas também saber como as principais métricas, que são fornecidas pelas próprias ferramentas, podem auxiliar muito a otimização de sites. Nesse sentido, demonstramos como aplicar na prática a análise e tomar decisões com base em dados por meio de ferramentas como Google Analytics, Google Trends e Google Search Console, além de como utilizá-las também para criação de conteúdo estratégico, diminuindo as chances de errar.

Ressaltamos, ainda, que não existe sucesso em uma estratégia global de marketing digital com base no "achismo". A melhor forma de obter êxito constantemente é planejando e tomando decisões com fundamento em métricas de qualidade. Por fim, tratamos da ferramenta Google Meu Negócio, que serve para que o negócio "exista" no Google.

Questões para revisão

1. Sobre o Google Meu Negócio, assinale a alternativa correta:
   a. Não é possível saber o que as pessoas pesquisaram para encontrar a ficha de uma empresa.
   b. As fotos precisam estar sempre atualizadas, afinal os usuários tomam decisões de acordo com as informações vistas na ferramenta.
   c. Após criar o cadastro, não é preciso acessar novamente.
   d. Todas as ligações feitas para a empresa são contabilizadas, independentemente da origem da ligação telefônica.

2. Analise as assertivas a seguir e indique V para as verdadeiras e F para as falsas.
   ( ) O Google Trends mostra exatamente a quantidade de buscas feitas por um termo.
   ( ) O Google Search Console é uma ferramenta que serve, além de outras coisas, para o Google ter contato com o administrador do site.
   ( ) Sobre palavras-chave, o único indicador importante é o volume de buscas.
   ( ) O Google Search Console analisa todas as páginas do site por meio de um *sitemap*.
   a. F, V, F, V.
   b. V, F, V, F.
   c. F, F, V, V.
   d. V, V, F, F.
3. Assinale a alternativa correta:
   a. Várias ferramentas mostram palavras-chave e termos importantes a serem utilizados nos conteúdos.
   b. Para escolher as melhores palavras-chave, basta optar pelas mais buscadas pelos usuários.
   c. A velocidade do carregamento do site não é importante.
   d. No Google Analytics, é possível visualizar apenas informações básicas do site.
4. Quais são as métricas mais importantes do Google Analytics para um e-commerce que precisa aumentar o *ticket* médio de seu site?
5. Uma empresa quer expandir seus negócios para outros bairros da cidade. Quais métricas do Google Meu Negócio são importantes no planejamento?

Questões para reflexão

1. Uma pessoa resolve ir a um hotel em uma cidade turística, mas, antes, decide pesquisar pelo hotel no Google. Esse internauta até consegue encontrar o endereço e os dados básicos do hotel, mas o horário de funcionamento e as descrições estão incorretos, além de as fotos e os vídeos estarem desatualizados, o que pode fazer com que a decisão de ir a esse local seja repensada. Como isso poderia ter sido evitado em se tratando de análise de métricas?

2. Relacione algum problema a ser resolvido por meio das métricas disponíveis no Google Analytics.

04 Métricas para todos os negócios, *dashboard* e tomada de decisão

Conteúdos do capítulo:
- Métricas de atração.
- Métricas de conversão.
- Métricas de receita.
- *Dashboards*.
- Tomada de decisão estratégica.

Após o estudo deste capítulo, você será capaz de:
1. apontar as principais métricas de atração, conversão e receita, que são aplicáveis a todos os negócios;
2. diferenciar a análise de métricas de acordo com as etapas do funil;
3. aplicar a melhor leitura de dados por meio de *dashboards*;
4. tomar decisões estratégicas baseadas em dados.

Até aqui, vimos números que podem servir para empresas que tenham apenas uma rede social, por exemplo, e para as empresas que têm uma estratégia mais robusta na internet com um site ativo. Agora, veremos que, embora a diversidade de negócios na internet seja grande, algumas métricas fazem sentido para todos os negócios, independentemente das estratégias utilizadas.

4.1 Métricas importantes para todos os negócios

Seja qual for a estratégia de marketing, o primeiro passo sempre é fazer um planejamento para conseguir atrair usuários para os canais de marketing. É dessa forma que se inicia um relacionamento entre marca e potencial cliente. As métricas de atração, de conversão e de receita são aplicáveis a todos os negócios. Vejamos cada uma delas a seguir.

4.1.1 Métricas de atração

Para vender, primeiro o usuário precisa ter sido atraído pelos conteúdos, e tão importante quanto saber como os usuários foram atraídos para os canais de marketing, é saber usar essas informações de um jeito favorável, a fim de conseguir captar novos usuários e de que os canais *on-line* se mantenham em constante crescimento.

É claro que as métricas mais relevantes são sempre as que respondem aos objetivos principais. Se o objetivo principal é o aumento da taxa de conversão, por exemplo, algumas métricas de atração também são importantes, como o número de visitantes no site e a taxa de cliques. Como aumentar as vendas se poucas pessoas acessam o site e navegam nele? Por isso as métricas de atração precisam ser estudadas. Vejamos as principais a seguir.

- **Visitas**: pode ser considerada uma métrica de vaidade, já que é muito abrangente e isolada não significa muita coisa. Mas entender esse dado pode ajudar a averiguar se as ações de marketing têm melhorado o desempenho da marca na web. Essa métrica deve, necessariamente, ser analisada em conjunto, ou seja, ao lado de outros números, a fim de embasar tomadas de decisão que melhorem os resultados. É maravilhoso ver o número total de visitas do site crescendo, porém, é preciso analisar se, além de visitar o site, os usuários também estão navegando por várias páginas, permanecendo por bastante tempo nelas e, principalmente, se estão comprando. Em todas as ferramentas de análise, é disponibilizado o número de visitas em determinado período.

- **Visitas recorrentes**: diferentemente da métrica de visitas, a de visitas recorrentes trata dos usuários que já acessaram o site e resolveram voltar depois. Isso é ótimo! Quanto maior o número de visitas recorrentes, melhor, pois significa que o usuário gostou tanto do site que retorna para ver algum conteúdo novamente. Como é uma métrica de visitas, também não pode ser analisada isoladamente. Aí está o segredo da leitura e da compreensão de métricas: tomar decisões a partir de uma análise completa, que envolve os indicadores corretos de acordo com o objetivo preestabelecido. Os usuários que já tinham acessado o site uma vez e retornam a ele demonstram comportamento diferente? Tendem a visitar mais páginas? Tendem a passar mais tempo no site? É possível verificar qual tipo de conteúdo (qual página do site) tem mais visitas recorrentes e perceber o que mais atrai os usuários e os faz retornar. Se, com o passar do tempo, o número de visitas recorrentes só cresce, é porque o conteúdo está indo muito bem. Caso contrário, cabe reavaliar os conteúdos do site, pois eles não estão motivando os usuários a voltar. Isso significa que, possivelmente, a marca não terá uma presença forte na mente do consumidor. Você, como consumidor, lembra-se de sites que visitou apenas uma vez? Provavelmente não. Por isso, é preciso estar atento a essa informação.

- **Termo de busca**: tudo começa com o usuário pesquisando algum termo no buscador. Essa é uma das métricas de atração mais importantes por um simples motivo: mostra o que as pessoas pesquisaram no buscador para conseguir chegar até determinado site. Por meio dessa análise, pode-se identificar novos termos que tenham bom potencial para integrar o relatório de palavras-chave, figurando como uma possibilidade de explorar mais esses termos. Além disso, é possível verificar se os termos já utilizados têm trazido bons resultados de acordo com as estratégias adotadas.
- **Fontes de tráfego**: de onde vêm os usuários que chegam ao site? Quais canais têm sido mais efetivos para a estratégia de marketing e quais precisam de ajustes? Por exemplo: se uma das principais fontes de tráfego é o Facebook e a estratégia é fortalecer o site, cabe explorar os *links* nos *posts* de Facebook. Se os usuários estão chegando ao site através da busca Google, significa que os esforços de *search engine optimization* (SEO) estão surtindo efeitos. No entanto, se poucas pessoas chegaram ao site por meio de uma busca no Google, o site precisa de otimizações. O Google analisa uma série de critérios para ordenar os resultados de busca quando o usuário pesquisa um termo no buscador, e prioriza os sites e as páginas que são mais relevantes para o usuário naquele momento. Quando o site aparece em uma boa posição, atrai muito mais usuários. Em sites que não têm otimizações de SEO, é possível constatar que menos visitas do site originam-se da fonte de tráfego de busca. O Analytics revela até mesmo dados demográficos das pessoas que encontraram o site através de fontes de tráfego (outros sites, busca Google, e-mail marketing, redes sociais etc.). É possível cruzar dados para saber se os acessos oriundos de determinada fonte têm algo em comum com relação às informações demográficas e, com base nesses dados, tomar decisões acertadas.

- **Taxa de cliques ou *click through rate* (CTR)**: mostra quantos cliques a página teve de acordo com o número de impressões ou aberturas. Por exemplo: se sua página teve 100 impressões e 5 cliques, a taxa de cliques foi de 5%. Basta dividir o número de cliques pela quantidade de impressões e multiplicar por 100 para obter a porcentagem. Se você disparou um e-mail marketing, quantas pessoas clicaram em seu *link* em relação às que abriram e leram o e-mail? Se 1.000 pessoas abriram o e-mail e 50 clicaram, a taxa de clique foi de 5%. Quanto maior for a taxa de cliques, melhor. Caso esteja baixa, é preciso otimizar o conteúdo e a chamada para a ação. Geralmente, uma taxa de cliques baixa está diretamente relacionada ao conteúdo. O conteúdo precisa ser muito atrativo e relevante para que o usuário tenha vontade de clicar.
- **Site responsivo**: o número de pessoas que acessa o site é uma métrica de atração, até porque, se o site não se adapta em multitelas, a experiência do usuário está comprometida e, quando isso acontece, os buscadores diminuem a relevância do site. É provável, então, que ele não apareça para o usuário na busca Google, simplesmente porque quem acessa pelo celular não consegue visualizar o conteúdo com a mesma qualidade. Além disso, se o usuário chega até o site através de qualquer fonte de tráfego, mas não consegue navegar pelos conteúdos porque acessou de seu dispositivo móvel (celular ou *tablet*), logo vai desistir, o que eleva, por exemplo, a taxa de rejeição. Dessa forma, ter um site responsivo, que se adapta em multitelas, é uma das principais ações para atrair usuários. Mas atenção: um site compatível com o *mobile* não significa que seja otimizado para *mobile*. Quando ele é compatível, é porque o site pode ser visto por quem navega pelo celular ou *tablet*, mas quando ele é otimizado, o *design* é totalmente responsivo e a experiência é a mesma, navegando pelo celular ou pelo computador. É o que o Google chama de *mobile-first*, ou seja,

o conteúdo do site otimizado para *mobile* será mostrado com prioridade. Desde 2015, mais da metade de todas as pesquisas feitas no Google são de um dispositivo móvel. Por isso, os sites que não têm duas versões – uma para *desktop* e uma para *mobile* – podem ser penalizados, além de não fornecerem uma boa experiência ao usuário. Até mesmo a responsividade do site pode interferir diretamente em suas métricas.

As métricas de atração, como vimos, embora sejam abrangentes, podem afetar diretamente outros indicadores ligados à *performance* dos sites e de um negócio na internet. É preciso estar atento a essas métricas, mesmo que exijam uma análise conjunta, ou seja, atrelada a outros números relacionados ao objetivo principal.

4.1.2 Métricas de conversão

É claro que quem tem um negócio *on-line* precisa saber como estão suas vendas pelo site. Não basta ter uma noção de quantas pessoas acessam o site em um mês, mas saber, entre essas pessoas, quantas converteram, ou seja, quantas compraram. É claro que, quanto mais acessos, mais chances de um alto número de conversão, pois esse cálculo é proporcional: primeiro, o usuário visitante torna-se um *lead*, mostrando que se interessou pelo produto ou serviço (preenchendo os dados em um formulário, por exemplo); segundo, esse *lead* torna-se um comprador. Depois que o usuário passou por essas duas etapas, o objetivo é que ele chegue à última etapa da jornada de compra: torne-se um defensor da marca. A marca precisa ser referência aos consumidores, e isso só vai acontecer se a estratégia de marketing digital for baseada em dados. Para compreender todos esses processos, algumas métricas são fundamentais. Vejamos a seguir.

- **Taxa de conversão**: em um contexto geral, as conversões são o que mais importam, visto que, quando um negócio inicia sua presença na web, busca vender mais. Assim, a taxa de conversão é uma das mais importantes a serem acompanhadas. Conversão é um evento que pode significar muita coisa: todas as vezes que o usuário tem alguma atitude no site que direciona para a compra, é considerado conversão, e isso pode significar que o usuário se tornou um *lead* (preenchendo um formulário), inscreveu-se para assistir a uma transmissão ao vivo de sua empresa, interessou-se em receber e-mails da empresa e, sobretudo, finalizou uma compra. Tudo que o usuário faz e que demonstra que ele está caminhando para a compra pode ser considerado conversão. Como as possibilidades são várias, se a taxa de conversão é baixa, é porque tem algo de errado. Nesse caso, é preciso reavaliar o conteúdo, fazer testes e analisar se o site está bem planejado, se os botões de chamada para a ação estão bem posicionados e se o *design* está sendo atrativo para o usuário. Isso quando se trata de questões de marketing, mas analisando todo o cenário, se o produto não é bom ou falta uma descrição dele, ou até mesmo se a proposta não foi relevante ao usuário, a taxa de conversão pode baixar. Nesse caso, o site pode ser maravilhoso, as estratégias de marketing podem estar rodando bem, ter um alto número de acessos, mas faltar a base, que é qualidade do produto ou da exposição dele.

- **Taxa de rejeição**: como já vimos, a taxa de rejeição fica elevada quando os usuários saem do site na mesma página em que entraram, permanecendo pouco tempo nessa página, ou quando fazem uma busca no Google, encontram determinada página, mas entram e voltam para o resultado de buscas. Exemplo: o usuário pesquisou uma receita de bolo de cenoura, clicou em um site, mas, assim que viu a foto, não a achou atrativa e voltou para os resultados Google para ver outra opção, de outro site. Isso significa que, no sentido exato do nome da métrica, o usuário rejeitou aquela página. O grande ponto positivo e que facilita muito a análise é que o Analytics fornece dados de rejeição de todas as páginas do site, então fica fácil fazer testes para que essa taxa diminua. Vale lembrar que as páginas de site que têm menos conteúdo, possivelmente terão altas taxas de rejeição, já que o usuário não leva muito tempo para consumir todo o conteúdo. Já em páginas de *blog*, em que o conteúdo é completo, altas taxas de rejeição podem ser preocupantes. Caso a rejeição seja muito alta, obviamente pode comprometer as taxas de conversão, além de deixar claro que o usuário não considerou o conteúdo relevante.

- **Abandono de carrinho**: em comércios eletrônicos, é muito comum que o usuário adicione o produto no carrinho e não converta. Por que isso acontece? Os fatores possíveis são vários: o valor do frete, o tempo estimado para a entrega, o tipo de parcelamento, as opções para pagamento ou até mesmo um cupom de desconto que não funcionou. O fato é que, quanto mais pessoas abandonam o mesmo produto no carrinho, maior é o esforço para entender o porquê. Só analisando dados é possível otimizar esse número.

- **Novos visitantes ou recorrentes**: já vimos sobre a importância de mensurar se o usuário que acessa o site é uma nova visita ou uma recorrente. Para as conversões, é igualmente importante. Se as conversões acontecem na primeira visita, ótimo. Significa que o site está bem desenhado e que realmente influencia a compra de maneira simples. No entanto, o mais comum é que os usuários de visitas recorrentes convertam com mais frequência, isso porque, no primeiro contato com o site, esse público ainda é frio. Então, cabe analisar quantas conversões são oriundas de visitantes recorrentes e quantas são de novas visitas, a fim de entender melhor o comportamento das pessoas e, com isso, otimizar o site, fazendo com que a taxa de conversão aumente.

- **Conversão em *leads*:** se o objetivo principal é captar novos *leads*, também é preciso ficar atento aos números. As páginas que concentram os formulários de captação de *leads* são denominadas *landing pages, páginas de conversão* ou *páginas de aterrissagem*. Trata-se de páginas personalizadas de um site que servem exclusivamente para convencer o usuário a preencher o formulário com seus dados e, finalmente, tornar-se um *lead*. A empresa, posteriormente, reúne os dados desse *lead*, nutre com conteúdos relevantes e encaminha à equipe de vendas. Muitas vezes, o que acontece é uma alta taxa de visitas nas *landing pages* e baixa conversão, ou seja, as pessoas chegam até essas páginas, mas falta algo para que queiram preencher um formulário com seus dados. Também há formulários de conversão fora de *landing pages*, como é o caso de campanhas de Facebook Ads com o objetivo de preencher cadastros no formulário. O principal motivo pelo qual os usuários deixam de converter em formulários é o fato de existirem muitas perguntas. Não raro, o formulário pede nome, telefone, celular, e-mail, profissão, empresa, número de funcionários e várias outras informações. Caso a taxa de conversão em *leads* seja baixa, recomenda-se que os formulários contenham apenas nome, telefone e e-mail, ou os dados estritamente necessários naquele momento; as demais informações podem ser coletadas no segundo nível de atendimento, quando o usuário já tiver se tornado um *lead*. Isso facilita bastante a experiência e eleva as conversões. Portanto, é viável testar e verificar se a quantidade de perguntas no formulário está interferindo no seu desempenho.

Em suma, esses dados são muito úteis para entender o comportamento dos usuários e, principalmente, quando há a necessidade de melhorar os resultados com base em dados confiáveis.

4.1.3 Métricas de receita

O acompanhamento de métricas não serve apenas para atrair os usuários e os converter em *leads*, mas também para medir se os esforços financeiros têm dado retorno, assim como é o caso de calcular o retorno sobre o investimento (*return on investment* - ROI) e o retorno sobre o investimento publicitário (*return on advertising spend* - ROAS). Para o estrategista, várias métricas importam e demandam acompanhamento, mas, para o gestor, é primordial saber sobre seu investimento financeiro e sobre sua receita. Só analisando esses indicadores a empresa consegue otimizar o orçamento de forma que fique mais barato e ofereça mais resultados. Vamos ver, a seguir, as principais métricas de receita.

- ROI: analisar métricas é importante para todos os objetivos, mas geralmente um deles é prioritário: vender. Contudo, para vender de maneira efetiva, uma empresa precisa fazer investimentos em publicidade digital. E como saber se esses esforços e investimentos estão valendo a pena? Calculando o ROI. Como no digital tudo é mensurado, esse número mostra quanto uma empresa está ganhando, ou perdendo, com as vendas na internet. Não há forma mais efetiva de saber com precisão se seus investimentos têm dado bons resultados do que calculando o ROI. Ele também ajuda naqueles famosos momentos em que não se sabe se o valor direcionado a investimento digital está sendo suficiente. Imagine: se você investe R$ 100,00 e lucra R$ 500,00, poderia passar a investir mais e, consequentemente, aumentar o retorno recebido. Mas se não calcula o ROI, não sabe quanto está tendo de retorno e fica sempre na mesma, ou seja, lutando e conquistando sempre o mesmo resultado: vendendo pela internet, sem conseguir escalar. Uma meta a ser alcançada só pode ser considerável sabendo detalhes sobre o investimento financeiro.

O ROI pode e deve ser calculado a partir de qualquer ação feita visando ao lucro da empresa, como campanhas de marketing, cursos, marketing de conteúdo, SEO, anúncio em uma rede social ou Google e treinamento da equipe. Assim, é possível garantir melhor desempenho dos investimentos, visto que é possível melhorar aquilo que não tem dado certo. Além disso, os esforços podem estar concentrados nas ações que estão funcionando e propiciando um bom retorno. Vale ressaltar que cada ação precisa gerar um ROI para que a análise seja assertiva. O ROI das mídias sociais, por exemplo, é diferente do ROI de anúncios de Google Ads. Ainda assim, nas mídias sociais, é possível ter vários indicadores diferentes, de acordo com a rede social e o posicionamento escolhido, além dos números que demonstram o retorno sobre o investimento. Por exemplo: Se você vende através das mídias sociais um produto que custa R$ 50,00 e outro produto que custa R$ 200,00 e investe o mesmo valor, serão dois números de retorno sobre o investimento.

O marketing digital tem muitas possibilidades. Há inúmeras ferramentas, estratégias e técnicas para se obter bons resultados. Calcular o ROI é importante, pois evidencia quais canais são mais efetivos com relação ao investimento, quais produtos dão mais lucro à empresa e, principalmente, se as ações de marketing estão sendo assertivas. O cálculo pode ser aplicado para analisar os investimentos do negócio como um todo ou calcular especificamente uma ação, uma campanha ou um projeto.

Para fazer o cálculo, é simples:

ROI = (receita − custo / custo) × 100

Exemplo: custo: R$ 5.000,00; receita: R$ 50.000,00

ROI = 50.000 (receita) − 5.000 (custo) / 5.000 (custo)

ROI = 9 × 100 = 900%

Nesse exemplo, o retorno sobre o investimento foi 9 vezes maior sobre o investimento inicial, resultando em 900% de lucro. Se fosse um caso real, seria um ótimo ROI e, portanto, uma boa oportunidade de aumentar o valor de investimento em ações digitais.

O que é receita e o que é custo?

No caso do cálculo do ROI, a receita é o valor arrecadado pela empresa que tem relação com uma venda específica. Assim, caso se queira calcular o ROI de certo produto, considera-se receita apenas o que a empresa arrecadou com a venda daquele produto. Agora, caso se queira calcular o retorno sobre o investimento de mídias sociais, não se pode considerar as vendas do site como receita.

Já o custo é o valor do investimento, incluindo as despesas necessárias, para que aquela ação aconteça. Exemplo: para ter um *e-commerce* é preciso investir em uma plataforma, na hospedagem do site, na internet, em anúncios etc. O custo é relativo a todas as despesas necessárias para concretizar a ação avaliada.

Calcular o retorno sobre o investimento permite entender se a empresa está rendendo com as ações digitais. Se houve alguma situação em que o ROI foi alto, a estratégia pode ser replicada para outras análises; caso contrário, cabe reanalisar toda a estratégia das ações com ROI baixo, de modo a entender qual foi o problema e o que pode ser melhorado.

Vale ressaltar que esse cálculo é simples, e o setor financeiro pode elencar outras métricas que sejam relevantes para calcular o ROI. O cálculo simples não contempla os custos fixos, não leva em consideração questões externas, como a sazonalidade ou a inflação. Portanto, essa é uma métrica a ser analisada de maneira mais básica, mas, ainda assim, tem sua importância.

Analisar o ROI e trabalhar com base nesses dados pode fazer com que a empresa lucre mais na internet, faça investimentos maiores e, tendo maior retorno, corte gastos com ações desnecessárias ou que não surtam tanto resultado. É urgente potencializar investimentos no que realmente vale a pena e, sobretudo, tornar a empresa muito mais saudável com relação às ações na internet.

- **ROAS**: é uma métrica muito confundida com o ROI. Ambos são números muito significativos para saber quais anúncios e canais são mais lucrativos para um negócio. ROAS é uma métrica que mostra a receita e os custos envolvidos em uma campanha publicitária. Bem parecido com o ROI, mas voltado para as variáveis dos anúncios pagos e da publicidade, seja na internet ou não. O ROAS envolve não só o valor do investimento, mas também o salário da equipe, o custo de equipamentos e qualquer outro elemento relacionado à publicidade, permitindo entender qual é o lucro para cada real investido em publicidade.

Portanto, na internet, o ROAS é aplicado aos canais de anúncio: Google Ads, Facebook Ads, Instagram Ads, LinkedIn Ads e todos os outros Ads, ao passo que o ROI analisa a estratégia como um todo, e não só ações de publicidade. Já percebeu que tudo na internet é dividido entre orgânico e pago? Até mesmo aqui: ROI é voltado para a estratégia global, e o ROAS, para a publicidade. O ROAS mede a eficácia dos anúncios, e o ROI mensura o resultado de toda a estratégia envolvida, não só o anúncio. ROI é mais amplo, e ROAS, mais específico.

Para obter o ROAS, basta calcular:

ROAS = retorno conseguido com os anúncios / custos publicitários envolvidos × 100

Por exemplo: se sua empresa investiu R$ 1.000,00 em anúncio no Instagram Ads e gerou R$ 5.000,00 em vendas em um mês, o ROAS é de 5. Isso quer dizer que, a cada R$ 1,00 investido, a empresa lucrou R$ 5,00. Multiplicado por 100, resulta em uma taxa de 500%. Um excelente resultado, se fosse um caso real.

O ROAS ideal é aquele que passa de 1. Se o cálculo ficar em 1, é porque não teve lucro nem prejuízo, ou seja, o trabalho não está sendo lucrativo financeiramente. Acima de 1, o ROAS é positivo. Nenhum negócio sobrevive apenas investindo e, embora o custo de publicidade na internet seja baixo, é preciso que os resultados sejam positivos.

O ROAS pode ser analisado através do Analytics, já que o cálculo é simples. Basta verificar qual foi o total de lucro no período escolhido e calcular com base no investimento efetuado em uma publicidade específica. Como vimos, o Analytics tem filtros para os anúncios de Google Ads que podem ajudar. Contudo, mesmo sem a integração, o cálculo é bem fácil.

No mercado, são muito comuns empresas e negócios que simplesmente fazem anúncios no Google ou em redes sociais, não raro com altos investimentos, mas sem entender os resultados reais disso. Muitas variáveis podem interferir no ROAS: o público, o posicionamento do anúncio, as palavras-chave, o criativo, o texto, a data, o botão de chamada para a ação etc., por isso um anúncio pode ter uma melhor *performance* do que outro. Em vários casos, as únicas métricas avaliadas são aquelas métricas de vaidade, como número de seguidores ou quantas pessoas foram alcançadas pelo anúncio. Será que isso basta? Já apontamos que não. Sem avaliar os números certos, a empresa pode estar desperdiçando dinheiro, investindo de forma errada ou, ainda, em um cenário mais otimista, pode estar deixando de ganhar por não investir o valor correto.

Não basta analisar as ações como um todo, pois cada campanha pode ter uma *performance* diferente e, para fazer os ajustes necessários, é preciso entender se aquele anúncio específico deu o retorno esperado. Pensando nisso, para o famoso Teste A/B fazer sentido, não basta analisar as métricas de vaidade. O Teste A/B é uma estratégia que visa testar variáveis de alguns anúncios para saber qual tem maior *performance*. São ativados vários anúncios, testando uma variável por vez. Mas o que adianta analisar apenas quantas pessoas foram alcançadas? O que importa mesmo é o ROAS.

Inicialmente, é possível investir um valor em publicidade e, depois, reinvestir o valor que foi percebido de ROAS e repetir o investimento inicial. Assim, a empresa atinge um crescimento em escala na web.

O ROAS pode sofrer interferências de outras métricas que já vimos até aqui. Exemplo: se um anúncio feito no Facebook Ads teve uma baixa taxa de cliques, a consequência é de que as vendas foram baixas. Com venda baixa, a receita também será baixa, e isso influencia o ROAS, o que não significa, necessariamente, que a verba foi baixa, mas sim que o anúncio precisa de ajustes, testes e mais análise.

Pensando nisso, podemos perceber agora que não basta apenas ativar anúncios, seja no Google Ads, seja no Social Ads (Facebook, Instagram, LinkedIn), é preciso realizar uma gestão inteligente do orçamento para ter resultado e para aferir o resultado.

Para melhorar o ROAS, que é especificamente sobre publicidade, vale atentar para as seguintes métricas:

- **Público**: os anúncios estão sendo direcionados a um público correto? Por exemplo: se seu negócio é uma padaria em um bairro de São Paulo, não adianta anunciar para toda a cidade. Se seu negócio é uma loja de capinhas de celulares, não adianta anunciar capinhas para celulares Samsung para todo mundo da cidade ou do bairro, mas apenas para quem usa aquele modelo específico. Quando se conhece o público, as ações tornam-se muito mais assertivas. Como a publicidade na internet funciona de forma que o pagamento está ligado ao resultado, não tem por que pagar por quem não faz parte do público-alvo. Um anúncio com o direcionamento correto impulsiona o ROAS e traz resultados mais positivos. Essa ultrassegmentação de público é extremamente vantajosa na internet, mas, para tanto, é necessário conhecer o público.

- **Testes**: existem vários tipos de anúncios, diversos objetivos e formatos. As possibilidades de segmentação são inúmeras. Assim, é preciso realizar testes com a segmentação de público, formatos, cores, textos, botões de chamada para a ação, objetivos, páginas de destino, palavras-chave, isso tudo por meio do Teste A/B. Basicamente, basta ativar dois ou mais anúncios simultaneamente, testar uma das variáveis, depois analisar para ver qual surtiu mais resultados. O que faz com que um anúncio tenha um melhor desempenho? Com os testes percebe-se que um mesmo anúncio pode apresentar melhor *performance* simplesmente mudando um pequeno detalhe. Assim, é possível concentrar esforços naquilo que mais tem dado resultado, bem como melhorar os que estão ruins. O objetivo principal é ter um maior retorno sobre o investimento feito.

- **Custo de aquisição por cliente (CAC)**: esse indicador serve para mostrar exatamente quanto custa cada cliente em relação ao produto ou serviço, ou seja, quanto é preciso gastar para conseguir um cliente. O cálculo é simples: soma-se todas as despesas com marketing e divide-se pelo número de clientes conquistados. Por exemplo: em um mês você gastou R$ 2.000,00 com marketing e conquistou 100 clientes. Cada cliente custou, em média, R$ 20,00. Quanto maior for o retorno com a aquisição de clientes, menor será o gasto para conquistá-los. Quando uma empresa precisa enfrentar uma crise, um dos primeiros setores que têm verba reduzida é o de marketing. Com o cálculo de aquisição de clientes, caso a saúde mercadológica da empresa esteja alta, é possível perceber que, quanto mais se investe em marketing, mais se ganha, se as estratégias estiverem seguindo um bom caminho. É uma métrica essencial para mensurar o balanço entre entrada de clientes por ações de marketing e o custo deles.

- **Valor vitalício do cliente ou *lifetime value* (LTV)**: é basicamente uma forma de prever quanto o usuário vai gastar pelo tempo em que ele ainda vai comprar de uma empresa. Essa métrica fala muito sobre um futuro saudável para a empresa com relação às ações na internet. Basta multiplicar o *ticket* médio mensal pelo tempo de permanência de clientes. Por exemplo, se o *ticket* médio fosse de R$ 100,00 e o tempo de permanência fosse de 6 meses, o LTV seria de R$ 600,00 por cliente. É claro que seria inviável calcular o LTV de cada cliente. Além disso, o objetivo é analisar todos os clientes e encontrar a média de gasto (*ticket* médio) e o tempo médio de permanência. O intuito final é aumentar o *ticket* médio, ou seja, fazer com que o cliente gaste mais e tenha um tempo de permanência maior. Acompanhar o LTV ajuda a empresa a não perder dinheiro de investimento a longo prazo e, principalmente, a encontrar falhas ou oportunidades mal aproveitadas, quando, por exemplo, um cliente compra apenas uma vez ou em baixos valores, sendo necessárias ações de retenção.

Diferentemente de estudos complexos de custo, tanto o ROI quanto o ROAS ajudam a entender se os esforços de investimento exclusivamente em marketing e publicidade têm trazido resultados positivos, reduzindo investimentos errados e melhorando aqueles que vão bem.

Métricas são importantes em todos os contextos e algumas estão relacionadas a qualquer tipo de negócio *on-line*, como é o caso das métricas de receita.

Você, na condição de consumidor, já tinha ponderado sobre a grandiosidade de se ter um site? Você sabia que o Google prioriza os sites que fornecem uma boa experiência ao usuário para mostrar nos resultados de pesquisa? Quanto tempo você, como usuário, espera que uma página da web carregue? Quais são os principais motivos por abandonar o carrinho de compras em comércio eletrônico? Métricas, na condição de números, nunca dizem nada; por isso, frisamos sempre: É preciso refletir sobre como um negócio pode manipular os indicadores a seu favor a fim de obter mais resultado de acordo com seu objetivo.

Para tanto, precisa-se analisar os indicadores de atração, de conversão e de receita e pensar em possibilidades para um negócio que apresente resultados ruins nessas métricas. Cabe refletir sobre soluções práticas e pesquisar exemplos do que poderia ser feito. Exemplo: caso a empresa fictícia esteja com uma baixa taxa de conversão, pode-se pesquisar *landing pages* que mostrem melhores resultados. Dessa forma, fica mais fácil compreender sobre a importância desses indicadores. No marketing, sempre que houver um problema, é preciso pensar em uma solução. Isso fará com que o profissional adquira uma visão mais analítica e mercadológica. Entrar em um site, acessar uma página de rede social, fazer uma compra *on-line* nunca será da mesma forma depois de compreender as estratégias de marketing digital; porém, a experiência torna-se ainda mais vivaz, pois conhecer as técnicas utilizadas amplia a visão.

O contato com esses indicadores, ainda que como consumidores, alarga o pensamento, pois, até então, esse mundo de possibilidades de análise para os negócios *on-line* estava no escuro, escondido. Para os gestores, também se abrem oportunidades, pois o marketing digital não é só baseado em redes sociais, e as métricas vão além de acompanhar o crescimento do número de seguidores ou de *likes* em uma foto.

4.2
Dashboards

Agora que você já domina as métricas, conhece cada uma delas e entendeu sobre suas aplicações, vamos ao que interessa: O que fazer com todos esses números? Você já deve ter percebido que, sem informações, qualquer ação na internet pode ser perdida e desperdiçada. Ao mesmo tempo, o excesso de informação também não é positivo, já que pode dificultar os processos de análise e de tomada de decisão. Como expor essas informações? Como mostrar todas essas métricas que têm relação com o objetivo preestabelecido para o gestor? Como evidenciar para a equipe os resultados gerados? Como tomar decisões analisando os números de maneira organizada?

Para isso existem os *dashboards*, que são cada vez mais necessários. Trata-se de um painel visual que concentra informações relevantes de métricas em gráficos, tabelas e demais recursos visuais em uma única tela. Serve para que os gestores, ou a equipe responsável, tenham uma dimensão geral de como estão os processos da empresa, podendo visualizar, de forma dinâmica, dados específicos. Seu principal objetivo é facilitar o acompanhamento dos resultados de ações de negócios, como as de marketing. Geralmente, esse painel com várias informações é gerenciado por toda a equipe. Ele tem um ponto positivo: ajuda o fluxo de trabalho das equipes que precisam monitorar indicadores-chave de desempenho. Além disso, garante maior transparência da empresa para com toda a equipe, já que os dados ficam expostos para que mais pessoas auxiliem a tomada de decisões.

Dashboard é uma ferramenta que faz parte do conceito de gestão à vista. Isso significa que toda a equipe pode ter acesso aos indicadores sobre os processos e o desempenho geral da empresa. O principal ponto positivo é permitir que todos os colaboradores se engajem com a empresa e possam contribuir sugerindo melhorias, afinal toda organização funciona como uma engrenagem: qualquer processo que não vai bem impacta diretamente os outros processos. Os *dashboards* usados no conceito de gestão à vista auxiliam nesse sentido.

No entanto, os *dashboards* também contemplam métricas e indicadores-chave de desempenho; logo, é preciso definir um objetivo antes de usá-los. Criar um *dashboard* só faz sentido depois de ter planejado os objetivos e colocado ações em prática. Caso o objetivo principal seja monitorar, por exemplo, o custo da publicidade da empresa nos canais digitais, as métricas e os indicadores-chave de desempenho que formarão o *dashboard* devem ser relacionados a esse objetivo. Depois disso, é necessário estabelecer quais métricas e indicadores serão analisados, sempre tendo em vista que a proposta do *dashboard* é justamente concentrar dados relevantes, conforme o objetivo prefixado. Portanto, não é sobre a quantidade de informações, mas sobre a qualidade. De nada adianta colocar muitas informações nos *dashboards*, somente as necessárias.

Por fim, pode-se usar uma ferramenta de auxílio no manuseio de um *dashboard*. Recomendamos o Google Data Studio, ferramenta gratuita que dispõe informações em relatórios de maneira visualmente compreensível. É uma ferramenta de *data visualization*, ou seja, de uma área do marketing responsável por representar dados de maneira visual. A ferramenta ajuda as empresas para que não precisem usar várias planilhas, por exemplo, e concentrem todos os dados importantes em uma única tela. Uma das maiores vantagens do Data Studio é a capacidade de ele integrar informações de várias fontes, como Analytics, Google Ads, YouTube, Google Planilhas, Search Console, e, caso utilize uma ferramenta de análise e monitoramento de redes sociais como HubSpot, também pode integrá-la ao relatório.

O Data Studio tem um *template*-padrão disponível, mas também apresenta a possibilidade de criar um *template* personalizado. Para quem não é *designer*, e ainda não está acostumado com a ferramenta, sugerimos que utilize os *templates*-padrão. Eles concentram os dados mais analisados e, ao escolher um deles, a fonte de informações pode ser alterada, mostrando o visual e as métricas selecionados. Além dos *templates*-padrão disponibilizados pelo Data Studio, na própria ferramenta tem-se uma galeria de relatórios, criados pela própria comunidade. É possível copiar o modelo e editar conforme os dados e o visual preferidos. Existem relatórios sobre todo tipo de assunto, que vão desde dados sobre marketing e desempenho de campanhas e de canais do YouTube até relatórios que mostram a estimativa populacional do mundo.

Pode-se criar *dashboards* personalizados para cada objetivo. Por exemplo, é possível personalizar os relatórios inserindo a marca da empresa, alterando as fontes e as cores etc. Nesse caso, a intenção é que o relatório seja atrativo para a equipe ou o cliente. A parte visual é muito importante, visto que as pessoas têm de compreender os dados dispostos no relatório e analisá-los da melhor forma a fim de tomar decisões acertadas. A poluição visual é algo a ser evitado: recomendamos inserir apenas os dados que são relevantes de acordo com determinado objetivo.

Tudo no marketing precisa seguir a regra n. 1: conhecer o público. Mas por que conhecer o público é importante para elaborar um relatório do Google Data Studio? Se o relatório for analisado por profissionais da área, algumas informações básicas não precisam estar descritas. Por outro lado, se lido por gestores ou por pessoas que não têm conhecimento em marketing, é preciso inserir dados mais explicativos. Conhecer o público influencia até mesmo na linguagem visual adotada.

Outra funcionalidade importante é a programação de envio dos relatórios. Depois de configurar um relatório e deixá-lo pronto para ser utilizado, pode-se salvar e programar para que a ferramenta envie o relatório atualizado diariamente, semanalmente ou mensalmente. Assim, não é necessário configurar o relatório antes de enviar para o público. Ainda, ele pode sofrer alterações contínuas, para adicionar novos dados ou retirar informações irrelevantes, sempre com o intuito de aprimorar o *dashboard*. Depois de enviar o relatório, ele pode ser editado por algum membro da equipe, caso seja permitido. Os membros da equipe podem colaborar na confecção de um relatório otimizado e, como os relatórios são atualizados em tempo real, evita-se que a equipe tenha várias versões diferentes. Também é possível que a equipe apenas visualize os dados, sem permissão para alterar qualquer elemento do relatório, tal como é realizado no compartilhamento com os clientes, por exemplo.

O Google Data Studio é de simples usabilidade, já que o principal intuito das ferramentas de *data visualization* é justamente fornecer dados de maneira que possam ser compreendidos facilmente. Como qualquer ferramenta, no início pode parecer complexo, mas, aos poucos, conforme o profissional vai tendo mais intimidade com os dados, consegue deixar os relatórios ainda mais otimizados.

Para analisar métricas de redes sociais, as principais ferramentas contêm essa funcionalidade, sendo possível analisar dentro das próprias redes sociais ou através dessas ferramentas que integram todas as contas e mostram informações relevantes.

Existem também *dashboards* nativos, como os relatórios do Google Analytics.

4.3
Tomada de decisão estratégica

Tomar decisões é uma tarefa de muita responsabilidade e, também, uma das mais importantes atividades de um líder ou gestor. Pode ser uma ação complexa e grandiosa, mas é necessário pensar estrategicamente nos pequenos detalhes. Por exemplo: você fez uma postagem em seu Instagram com a seguinte chamada para a ação (*call to action* – CTA): "Deixe um comentário neste *post*" e, depois de um tempo, analisou os resultados e identificou que os usuários não estão deixando comentários. Você precisa tomar uma decisão com essa métrica. O que pode fazer? As variáveis são muitas: talvez não estejam comentando porque o público não é o correto (um erro de marketing), porque o conteúdo não é bom, ou porque o CTA não está sendo eficaz. Nesse último caso, é preciso testar, e a decisão pode ser alterar o CTA para "Mande uma mensagem *inbox*" ou "Salve este post para ver mais tarde", e verificar se o retorno será positivo. É claro que é preciso respeitar a característica de cada material e de cada canal. Existem publicações que têm a característica de serem salvas, outras que servem para que os usuários mandem para os amigos, assim, cada material tem um tipo de CTA específico, o que demanda a realização de testes. O que importa é perceber que as métricas não andam só, elas precisam ser um norte para uma decisão que vai trazer maior desempenho.

No digital, não tomar uma decisão pode acarretar grande prejuízo, que é deixar de saber o que dá mais certo, deixar de otimizar o que não deu tão certo assim e, principalmente, deixar as equipes trabalhando no escuro, sem um direcionamento de decisões baseadas em dados. Infelizmente, é o que mais acontece: as empresas apenas fazem ações na internet, sem o mínimo de acompanhamento de métricas, nem mesmo as mais básicas. Diante desse panorama, podemos entender que o digital tem muita força, pois mesmo que as empresas usem poucos recursos, o resultado é positivo. Sem dúvidas, a melhor forma de tomar decisões estratégicas é com base em dados reais, sem o famoso "achismo", e por isso métricas e indicadores-chave de desempenho são essenciais.

Abordar a análise de métricas e a tomada de decisão estratégica é tratar de planejamento. O **planejamento** pode ser dividido em três fases principais:

1. **Objetivo de negócio**: imagine uma loja que tem um comércio eletrônico e seu principal objetivo de negócio é aumentar suas vendas na internet. Todo planejamento começa com um objetivo a ser conquistado, o qual deve estar relacionado às macroconversões.
2. **Estratégia**: para alcançar o objetivo delineado, é preciso definir diferentes tipos de estratégias. No exemplo dado, essas estratégias podem estar voltadas à publicidade dos produtos da loja, a fim de que mais pessoas sejam alcançadas por ele.

3. **Plano tático**: é o desdobramento das estratégias. Vários planos táticos podem ser elaborados para alcançar determinado objetivo, de acordo com as estratégias programadas. O que é preciso fazer, todos os dias, para conseguir que as pessoas vejam mais os produtos? Aumentar a frequência de publicações? Investir em anúncios? É preciso definir essas ações e os indicadores-chave com base no objetivo e na estratégia. Quais serão as métricas mais importantes para saber se o que foi planejado deu certo? O plano tático está relacionado a microconversões, ou seja, esses dados ajudam a entender melhor como está se comportando o usuário que, em breve, será levado à conversão (cumprir com o objetivo).

Tomar decisões envolve a escolha de uma ação entre duas ou mais opções para chegar a um melhor resultado. É uma ação contínua, portanto, usar métricas que são atualizadas em tempo real, através de *dashboards* atualizados e de simples visualização, faz ainda mais sentido quando pensamos que, para tomar decisões, é preciso ter um objetivo claro e definido. Ao definir os objetivos, é necessário traçar metas a curto, médio e longo prazo. Cada vez mais, principalmente no digital, há empresas que pensam apenas no curto prazo e até mesmo em ações em tempo real, então, em vez de prevenir incêndios, são obrigadas a gastar toda sua energia para apagá-los. Desde o planejamento de marketing, cabe esclarecer quais são os objetivos a longo prazo a fim de acompanhar o curto e o médio prazos. Os passos são simples: elaborar um objetivo claro, medir os resultados, estabelecer metas alcançáveis e realizáveis e determinar uma linha de chegada, ou seja, um tempo fixado para cumprir o objetivo.

Independentemente do objetivo geral, quando falamos em *performance*, precisamos considerar algumas métricas gerais, como as de custo, que são aplicáveis a todos os tipos de negócios que têm presença *on-line*.

Por fim, vale ressaltar que qualquer decisão tomada tem um impacto e uma consequência. Assim, é preciso sopesar todas as possíveis consequências e, sempre que possível, aplicar testes simultâneos para reduzir os impactos mais brutos. Faz-se necessário refletir sobre as opções de decisões que podem ser tomadas, bem como sobre as consequências de cada uma. Por exemplo: se decidir reduzir a verba de uma campanha de anúncios, o resultado pode ser um número menor de público alcançado, logo, as vendas podem ser impactadas. Uma métrica conduz à outra.

Síntese

Neste último capítulo, apresentamos as principais métricas aplicáveis a todos os negócios, pensando na experiência do usuário baseada em uma jornada natural de compra. Portanto, examinamos as métricas de atração, de conversão e de receita, que fazem parte de todo o processo de relacionamento entre a marca e o consumidor.

Além disso, é preciso saber dispor as informações da melhor forma, razão pela qual contemplamos aqui a análise dos *dashboards* e dos painéis de dados. Tudo isso para conseguirmos tomar decisões estratégicas, baseadas em dados.

Questões para revisão

1. Assinale a alternativa correta:
    a. Todos os engajamentos podem ser vistos de forma pública.
    b. As palavras-chave com maior volume de buscas são as mais importantes, e só o volume de buscas precisa ser analisado.
    c. SEO é uma estratégia fundamental para qualquer empresa que tenha uma estratégia digital e, além disso, contribui com a experiência do usuário e, consequentemente, garante maior relevância no Google.
    d. Para calcular a taxa de engajamento, basta saber quantas pessoas curtiram e comentaram; trata-se de uma métrica isolada.
2. Analise as assertivas a seguir e indique V para as verdadeiras e F para as falsas.
    [ ] A métrica de visitas pode ser analisada sozinha, já que o número de acessos é o fator mais relevante.
    [ ] Os usuários contabilizados como visitas recorrentes tendem a se comportar de forma diferente daqueles que visitam o site pela primeira vez, portanto, é importante saber operar o Google Analytics.

( ) É preciso conhecer as fontes de tráfego para pensar em estratégias que sincronizem o site e as redes sociais da empresa.
( ) Os sites não precisam adaptar-se a multitelas.

Agora, assinale a alternativa que apresenta a sequência correta:
a. V, F, V, F.
b. F, F, V, V.
c. F, V, V, F.
d. V, F, F, V.

3. Assinale a alternativa correta:
a. Taxa de rejeição é a métrica que mostra a recusa dos usuários a certos conteúdos ou a certas páginas; quanto mais alta a rejeição, pior está sendo a experiência.
b. Não é comum que os usuários abandonem o carrinho nos comércios eletrônicos.
c. Apenas empresas que fazem publicidade *on-line* precisam calcular o ROI.
d. ROI e ROAS têm o mesmo significado; pode-se escolher uma métrica para calcular.

4. Assim como em qualquer estratégia de comunicação em geral, um *dashboard* precisa ser elaborado de acordo com o público? Justifique.

5. Quais são as três principais etapas para a tomada de decisão estratégica?

Questões para reflexão

1. Quais são as consequências para uma empresa que não analisa as métricas nem no processo inicial do planejamento nem ao final, para medir resultados?

2. Converse com algum gestor de uma empresa pequena, média, grande ou até mesmo com um microempreendedor. Tente descobrir se essa empresa faz análise de métricas e, se sim, quais decisões importantes já foram tomadas com base em dados.

Considerações finais

Cada vez mais, as empresas estão inseridas no cenário digital. Será que estão aproveitando todos os recursos de marketing digital? Um dos principais pontos positivos é o fato de o digital mensurar tudo. Cada ação do usuário pode ser rastreada e analisada, e os números chegam prontos para análise. Mesmo assim, alguns profissionais e empresas preferem utilizar o digital da maneira mais básica, apenas compartilhando conteúdo sem estratégia alguma e esperando o resultado chegar. Analisar métricas e conhecer os indicadores são as formas mais assertivas de um negócio ter sucesso na web, em conjunto com um bom planejamento e ações atrativas.

O digital é muito novo, e muitas empresas ainda não estão acostumadas com os processos. Elas acabam fazendo o básico e indo direto ao ponto: publicando conteúdo, colocando anúncios no ar, sem ao menos conhecer o público, planejar as ações e muito menos analisar os dados. Mas já destacamos aqui os impactos negativos de não ter uma gestão de análise de métricas. Além disso, é preciso considerar o potencial perdido de muitas empresas, que se contentam com um resultado atual, mas poderiam atingir uma *performance* ainda melhor se adotassem estratégias baseadas em dados.

Esses indicadores podem auxiliar uma empresa a não tomar decisões "no escuro", ação que pode ser prejudicial não só para o setor de marketing, mas para a organização como um todo, que funciona como uma engrenagem.

Se você é um gestor, administrador de site, profissional de comunicação, de marketing ou de marketing digital e nunca teve contato com métricas antes, recomendamos fortemente que coloque tudo em prática. Se for preciso, faça trabalhos voluntários para empresas que tenham sites ativos e queiram investir em publicidade *on-line*. Somente praticando você vai aprender e se sentir verdadeiramente confortável com essa atividade de inserir métricas em suas estratégias.

Esperamos que, com base neste conteúdo, as métricas passem a fazer parte de suas estratégias digitais. Também desejamos que a vontade de implementar o uso dessas ferramentas tenha sido despertada e que você consiga ter cada vez mais segurança ao tomar decisões baseadas em dados. Embora pareça complexo no começo, a prática ajuda a evoluir, então, manuseie todas as ferramentas apresentadas aqui (todas gratuitas).

Gostou desta aventura de estudar métricas comigo? Eu gostei muito de preparar este conteúdo para você! Lembre-se de compartilhar o que achou sobre este livro no meu Instagram: @mariaaviss.

Por fim, desejo muito sucesso em sua caminhada. Muitas vezes vai parecer impossível. Vai parecer que seu sonho é distante demais para ser alcançado. Mas não se esqueça de que o sucesso é como uma grande escada: você precisa começar lá de baixo e ir subindo degrauzinho por degrauzinho. É o superpoder de fazer um pouquinho todos os dias. Você já está acima da média por estar aqui. Eu sei que alguém acredita em você, mas e você, acredita? Você é capaz de fazer o que quiser.

Glossário

Acesso por *post* (*views per post*): serve para comparar as publicações do *blog*, analisa qual tipo de conteúdo mais agrada ao público e serve, até mesmo, para os casos de Teste A/B com postagens no *blog*. As publicações que têm mais acesso por *post*, deram mais certo, possivelmente contêm conteúdos que agradam ao público. A métrica de acessos deve ser combinada com outro indicador.

Alcance (*reach*): quantas pessoas foram impactadas pela publicação. Atenção: é diferente de impressões, que indica quantas vezes uma publicação foi mostrada. Uma pessoa que viu o *post* 3 vezes conta como 1 alcance e 3 impressões.

Alcance potencial: é uma estimativa de quantas pessoas serão alcançadas pelo anúncio. Trata-se de um cálculo feito pelo Facebook para anúncios no Facebook e no Instagram.

Assinantes (*subscribers*): os usuários se cadastram para receber por e-mail as novidades sobre determinado conteúdo. Essa métrica é importante para perceber se o conteúdo está agradando aos usuários a ponto de quererem acompanhar.

Audience network: é o sistema de mídia programática do Facebook, como uma rede de empresas aprovadas pelo Facebook para mostrar anúncios.

Browser: navegador, a exemplo do Google Chrome, do Firefox, do Safari, entre outros.

Chamada para a ação (*call to action* – CTA): é um botão que leva o público à conversão, orientando o usuário para o que deve ser feito. Exemplo: "Quero me inscrever". Quando o usuário clica nessa CTA, entra em uma *landing page* e, quando preenche os dados, clica em outra CTA "Enviar", por exemplo. Os botões de chamada para a ação fazem toda a diferença nas estratégias de marketing digital. Seu papel é ser um intermediário para que o usuário realize as ações esperadas. Não se trata só de um botão, mas de um comando. Nas redes sociais são muito usados nos finais das legendas para mostrar ao usuário o que fazer, como "Salve esse *post* para ver mais tarde", "Encaminhe para um amigo que precisa ver isso". Todas essas frases que incentivam o usuário a agir são consideradas CTAs. É uma das variáveis mais importantes a ser testada.

Cliques de saída: número de cliques em *links* que direcionaram o usuário para fora da rede social.

Cliques únicos no *link*: pessoas que clicaram no *link* apenas uma vez, diferentemente da métrica de cliques no *link*, que estima a quantidade total de cliques.

Comentários (*social comments*): obviamente, quanto mais interação, melhor. Não é indicado concentrar os esforços apenas em responder aos comentários dos usuários, mas adotar uma interação ativa por meio da página da empresa. Assim, a longo prazo, os seguidores também passam a interagir com o conteúdo.

Compartilhamentos (*shares*): quando um usuário compartilha o conteúdo, significa que ele se identificou com aquela ideia. O compartilhamento é uma ótima métrica para verificar o tipo de conteúdo que agrada aos usuários. Para elevar essa métrica, nada melhor que conhecer o público e gerar conteúdos relevantes.

Curtidas (*likes*): os *likes* também significam que o usuário gostou do conteúdo ou se identificou com ele. Para melhorar métricas de engajamento e envolvimento, não tem segredo: só mesmo conhecendo o público e gerando um conteúdo relevante para ele.

Custo de aquisição por cliente (CAC): quanto custou cada conversão em vendas do site. O custo por aquisição é a divisão entre o valor investido em uma campanha pela conversão em vendas. Serve para saber quanto custou cada cliente com base no que foi investido.

Custo por ação (CPA): quanto custou cada ação do usuário com relação ao que foi investido naquela campanha.

Custo por clique (CPC): quanto custou cada clique no anúncio. É o valor que foi investido em uma campanha dividido pelos cliques que foram gerados nessa campanha.

Custo por mil (CPM): quanto custou a cada mil visualizações, exibições ou impressões de um anúncio.

Duração da visita: mostra a porcentagem de visita por tempo. Exemplo: 25% das visitas duraram de 0 a 10 segundos, 15% duraram de 11 a 30 segundos, 10% duraram mais de 31 segundos etc.

Duração do ciclo de vendas (*sales cycle length*): o tempo que demora para que o usuário veja o anúncio e formalize a compra. Dificilmente o usuário compra logo na primeira visita, mas quanto maior a duração do ciclo, pior para o negócio.

Envolvimento/engajamento: nas redes sociais, são considerados como engajamento as curtidas, os comentários, os envios por *direct*, os compartilhamentos, os salvamentos e as reações.

Hits: qualquer interação do usuário com um site começa com um *hit*. Quando o usuário acessa uma página que tenha instalado um código de acompanhamento (como é o caso do Google Analytics), a ferramenta recebe um novo *hit*. O *hit* é um registro sobre o IP, a data e a hora do *hit*, o navegador utilizado, o sistema operacional e a URL da página acessada. Um mesmo usuário gera vários *hits*, pois a cada nova página acessada, é lido como um novo *hit*. Digamos que é a forma bruta e inicial de o Analytics mensurar o número de sessões e de visitantes.

Impressões: quantas vezes o conteúdo foi mostrado aos usuários, diferentemente do alcance, que mostra o número de pessoas. Uma mesma pessoa pode ver a publicação várias vezes e, nesse caso, contabilizam-se um alcance e várias impressões.

Landing page: também chamada de *página de destino*, *página de entrada*, *página de captura* ou *página de aterrissagem*. São páginas que objetivam tornar visitantes em *leads* (potenciais compradores). Geralmente, contam com menos recursos visuais, como menus e conteúdos de outras páginas de um site, e contêm um formulário para que o usuário deixe seus dados e, assim, torne-se um *lead*.

Leads: pessoas que visitam o site e se interessam por algum produto ou serviço. De início, são apenas visitantes do site, mas demonstram interesse pelo negócio através de um formulário preenchido com dados básicos. Ao enviar esse formulário, esses visitantes tornam-se *leads*.

Página (*page*): é um endereço na internet. Um site tem várias páginas diferentes, e um conjunto de páginas forma um site. Para cada *post* no *blog* é gerada uma nova página. Cada página tem possibilidades e métricas diferentes nas ferramentas de análise.

Palavras-chave (*keywords*): são termos utilizados pelo usuário para fazer alguma pesquisa nos buscadores e em redes sociais. Quando um negócio explora termos pesquisados com frequência, tem mais chances de ser encontrado, gerando mais retorno para as páginas.

Público semelhante (*lookalike*): depois de realizar uma campanha e atingir o público, pode-se criar um anúncio para um público semelhante ao que foi impactado. Esse recurso funciona muito bem, pois atinge usuários que têm interesses parecidos com os do público-alvo.

Ranking de palavras-chave (*keyword rankings*): os termos mais buscados são ranqueados para mostrar quais são mais assertivos. Com base nesse *ranking* de termos mais buscados, é possível acrescentar alguns deles ao conteúdo a fim de alcançar um público maior. Por exemplo: você identificou que "consultório de odontologia" e "consultório odontológico" têm bastante buscas, então, caso trabalhe nessa área, você insere esses dois termos em seus conteúdos. Não adianta utilizar uma palavra-chave só pelo volume de buscas, é preciso que ela tenha relação com a empresa e com o conteúdo.

Reações (*reactions*): no Facebook, além do *like* (curtida), existem as reações para os usuários se expressarem sobre como se sentiram vendo aquele conteúdo ("amei", "haha", "surpreso", "triste" e "bravo").

Seguidores alcançados (*followers achieved*): essa métrica mostra o número de seguidores que foram conquistados naquele *post* específico ou naquela campanha. Indica que os resultados estão sendo bons, caso as pessoas estejam acompanhando a empresa. Mas, sozinho, esse número nada significa (é a famosa métrica de vaidade).

SEO (*search engine optimization*): a otimização para os mecanismos de busca é um conjunto de técnicas que visa otimizar uma página ou um site a fim de conquistar melhor posicionamento no *ranking* de resultados do buscador. Funciona assim: quando o usuário faz uma busca, por exemplo, no Google, este faz uma varredura nos conteúdos disponíveis na web e disponibiliza os mais relevantes para o usuário naquele momento. As páginas que ficam nos primeiros lugares têm muito mais cliques e, consequentemente, possibilidades de vender mais. Para que o Google considere um site relevante, ele analisa uma série de fatores. O SEO é a concentração de otimizações para que o site e a página sejam considerados relevantes pelo usuário e, assim, também pelo buscador. Quando o site tem otimizações de SEO, ele fornece melhor experiência aos visitantes, sendo esse seu principal objetivo. Como consequência, o algoritmo indexador, GoogleBot, percebe que a página é relevante e que, portanto, merece um bom lugar no *ranking*.

Site de referência (*referral*): quando um site direciona o usuário, por meio de um link, a outro site; o site de referência é aquele que faz a menção. Quanto mais *backlinks* de sites de qualidade, melhor.

Taxa de abandono (*abandoned conversion*): porcentagem de carrinhos de compra que foram abandonados em um comércio eletrônico. Os usuários escolheram os produtos e adicionaram ao carrinho, mas não prosseguiram com a compra. Essa métrica é importante para saber qual foi o motivo pelo qual os usuários abandonaram as compras e, com base nesse dado, tentar melhorar tal panorama.

Taxa de abertura (*open rate*): das mensagens que foram enviadas e entregues, quantas pessoas clicaram para abrir? Se essa métrica estiver baixa, é porque o início da mensagem não foi suficientemente atrativo. É necessário criar textos que façam com que o usuário sinta vontade de clicar e ler o conteúdo.

Taxa de cancelamento de e-mail (*e-mail opt-out rate*): quando o usuário quer parar de receber e-mails. O próprio usuário se inscreve para receber e-mails de uma empresa, então, se essa taxa de cancelamento for alta, significa que os conteúdos enviados não foram atrativos.

Taxa de cliques (*click through rate* – CTR): número de cliques de acordo com o número de impressões, ou seja, o conteúdo foi mostrado para as pessoas (impressões), indicando, entre as que viram, quantas delas clicaram. A taxa de cliques é fundamental para entender se o conteúdo está agradando ao público.

Taxa de conversão: conversão é quando o usuário conclui uma ação esperada: inscrever-se para receber e-mails, preencher o formulário com seus dados ou comprar efetivamente. A taxa de conversão mostra quantos usuários converteram.

Taxa de conversão por *landing page* (*landing page conversion rate*): quantas conversões foram geradas em uma *landing page* específica. Métrica muito importante para avaliar a eficácia de uma página com essa característica, já que as *landing pages* são criadas, especificamente, para incentivar a conversão.

Taxa de engajamento: é a soma de todo o engajamento de uma publicação (*likes*, *reactions*, comentários, compartilhamentos, salvamentos e envios por *direct*). O número total de engajamentos de uma publicação é dividido pelo número do alcance dessa publicação e o resultado desse cálculo aponta a taxa de engajamento. Portanto, mesmo que várias pessoas tenham sido alcançadas pelo *post*, nem todas elas engajaram com ele. Essa taxa mostra essa informação.

Taxa de entrega (*delivered rate*): métrica usada em e-mails e no WhatsApp Business. Mostra a taxa de quantas mensagens disparadas foram realmente recebidas pelo usuário. Essa métrica é importante para mensurar a qualidade dos contatos e da mensagem, já que muitos e-mails não entregues podem estar caracterizados como *spam* pelo servidor, e os números podem estar incorretos no WhatsApp.

Taxa de rejeição (*bounce rate*): visitantes que entraram na página e logo saíram, sem passar muito tempo no site e sem navegar por mais do que uma página. A taxa de rejeição também fica elevada quando o usuário faz uma busca no Google, clica no site e retorna para a página de buscas para ver outros sites que foram ranqueados. Essa métrica é essencial para saber o que não tem dado certo e, claro, corrigir.

Ticket médio: quanto, em média, as pessoas gastam no site. Se uma gasta R$ 20,00 e outra gasta R$ 30,00 em um mês, o *ticket* médio é de R$ 25,00. O *ticket* médio é mensurado pelos pedidos feitos, e o valor total é dividido pela quantidade de vendas do período.

Tráfego de busca da marca (*branded search traffic*): usuários que chegaram até o site através da busca de uma marca em buscadores como o Google. Exemplo: o usuário pesquisa por "botas da John John" e clica em um site que vende essa marca. A busca foi especificamente por uma marca.

Tráfego direto (*site traffic*): quantas pessoas visitaram o site através de uma origem que não está muito bem definida. Pode ser quando o usuário salvou o site no navegador como favorito para acessar mais facilmente, por cliques em *links* de e-mail (dependendo do servidor de e-mail do usuário), por cliques em PDFs, por cliques em *links* encurtados ou qualquer outro canal que o Analytics não consiga saber corretamente a origem do tráfego.

Veiculação: corresponde ao *status* da campanha, sendo um conjunto de anúncios ou apenas um anúncio. Por exemplo, se a campanha terá veiculação de 1º a 12 de abril, essa é a duração da atividade.

Visita (sessão): quantidade de vezes que um usuário acessou um site. Se o mesmo usuário visita o site em menos de 30 minutos, é considerada apenas uma sessão.

Visitas por palavras-chave (*keyword visitors*): visitantes que encontraram uma página de um site buscando por uma palavra-chave específica.

Visualização da página (*page views*): quantas vezes uma página foi vista por usuários, sejam eles únicos ou não, ou seja, essa métrica mostra o número de visualizações da página ainda que o mesmo usuário visualize a página várias vezes.

Visualização única da página (*unique page views*): parecida com a métrica de visualização da página, mas quando o usuário volta em uma mesma página, essa visualização não é mais contabilizada. Portanto, essa métrica informa os acessos mais confiáveis.

Referências

DRUCKER, P. F. **Administrando para o futuro**. São Paulo: Pioneira, 1992.

GOOGLE. **Conseguir uma visão geral do desempenho do canal**. Disponível em: <https://support.google.com/youtube/answer/9314414?hl=pt-BR>. Acesso em: 4 jan. 2021a.

GOOGLE. **Conversão**. Disponível em: https://support.google.com/analytics/answer/6086209?hl=pt-BR. Acesso em: 4 jan. 2021b.

GOOGLE. **Otimização do Google AdWords com o Google Analytics**: práticas recomendadas do Google. Disponível em: https://support.google.com/google-ads/answer/6168610?hl=pt-BR. Acesso em: 4 jan. 2021c.

GOOGLE. **Sobre o Search Console**. Disponível em: <https://support.google.com/webmasters/answer/9128668?hl=pt-BR#>. Acesso em: 4 jan. 2021d.

ROCK CONTENT. **Social Media Trends 2019**. Belo Horizonte, 2019. Disponível em: <https://cdn2.hubspot.net/hubfs/355484/Social%20Media%20Trends%202019.pdf>. Acesso em: 4 jan. 2021.

YOUTUBE CREATOR ACADEMY. **Seja descoberto**. Disponível em: <https://creatoracademy.youtube.com/page/course/get-discovered?hl=pt-BR>. Acesso em: 4 jan. 2021.

Respostas

Capítulo 1

Questões para revisão

1. c
2. d
3. b
4. As métricas referem-se a algo a ser medido ou a um número do que foi medido, ao passo que os KPIs são os indicadores que se tornam importantes: se uma métrica é importante para o negócio, ela se torna um KPI. Entretanto, métricas podem ser números que não revelam nada, até porque existem em grandes quantidades. Por esse motivo, é preciso entender como escolher bons indicadores-chave de desempenho, ou seja, bons KPIs.
5. As métricas são o primeiro passo para que a empresa consiga fazer planejamento de ações e de estratégia. Além disso, tomar decisões com base no famoso "achismo" é decidir no escuro. Portanto, as métricas são importantes para o início do processo, uma vez que são necessárias para o planejamento e, também, para verificar, ao final, se todas as ações que foram colocadas em prática surtiram bons resultados.

Capítulo 2

Questões para revisão
1. c
2. b
3. c
4. Sim, ainda que um negócio utilize somente o WhatsApp Business, é importante dar atenção aos dados por meio dos recursos que ajudam a colocar em prática estratégias como a segmentação de contatos e diversas outras funcionalidades importantes. Não adianta comprar listas prontas ou mandar mensagem a usuários que não querem receber. O usuário tem de querer receber mensagens da empresa para que os resultados sejam bons; para tanto, o conteúdo deve ser relevante. Nesse sentido, analisar métricas não é o suficiente, é necessário que seja feito um trabalho voltado à *performance* na rede social.
5. A análise deve envolver, principalmente, as métricas do IGTV: envolvimento (visualizações, curtidas e comentários) e retenção de público, além, é claro, de outros indicadores disponíveis na ferramenta, conforme o planejamento e o objetivo da empresa.

Capítulo 3

Questões para revisão
1. b
2. a
3. a
4. Métricas comerciais e métricas do público-alvo.
5. Ações de clientes e solicitações de rotas.

Capítulo 4

Questões para revisão

1. c
2. c
3. a
4. Sim, porque tudo no marketing precisa seguir a regra n. 1: conhecer o público. Na elaboração de um relatório do Google Data Studio, se as informações forem analisadas por gestores ou pessoas que não têm conhecimento em marketing, é preciso inserir dados mais explicativos. Conhecer o público influencia até mesmo na linguagem visual a ser adotada.
5. Objetivo do negócio, estratégia e plano tático.

Sobre a autora

Maria Carolina Avis é mestranda em Gestão da Informação na Universidade Federal do Paraná, tendo alcançado o primeiro lugar no processo seletivo. No mestrado, sua pesquisa é baseada em marketing de conteúdo no LinkedIn, de acordo com os algoritmos de relevância. É graduada em Tecnologia em Marketing e pós-graduada em Gestão Empresarial pela Faculdade Alfa de Umuarama. É profissional de marketing digital associada ao Facebook e certificada pelo Google. É professora de graduação e pós-graduação no Centro Universitário Internacional (Uninter), além de palestrante e autora. Atua como consultora especialista pelo Sebrae Nacional. Já foi fonte técnica para diversos canais de comunicação, como: IstoÉ, Terra, UOL, Meio&Mensagem, TechTudo, TechMundo, Band, Record, Rádio Globo, Rádio Jovem Pan e outros.

Sua trajetória começou muito cedo. Ainda na adolescência, tornou-se youtuber com outros dois amigos, quando a profissão sequer existia. A vontade de aprender mais sobre os indicadores de sucesso somente aumentava, bem como a necessidade de melhorar os processos e de atrair novos seguidores para o canal e, para tanto, tinha de elaborar estratégias mais consistentes. Como não existiam muitos recursos para estudo, até mesmo tendo em vista a inicialização do marketing digital, a autora recorreu aos testes informais. Mais tarde, fez diversos trabalhos voluntários para aplicar tudo aquilo que aprendeu, além de querer reforçar o entendimento. Logo, passou a trabalhar na área da comunicação: em jornal impresso, com pesquisa de mercado, assessoria de imprensa e assessoria de comunicação. Esse dinamismo ajudou na adaptação de conteúdos para diversos tipos de mídia, desde a mais informal até a escrita científica, durante o mestrado. Quando começou a estudar marketing digital, surgiu a vontade de compartilhar com mais profissionais sua paixão por esse universo. Portanto, começou a dar cursos em turmas livres e, depois, em uma escola especializada, na Academia Digital. Hoje, é docente no ensino superior, com alunos no Brasil, nos Estados Unidos, no Japão e na Europa, e autora de três livros.

Impressão: Forma Certa Gráfica Digital
Abril/2023